シニア・ユーモリストが時代を啓く

「老年学」と「笑い学」の遭遇

小向敦子

学文社

シニア・ユーモリストが時代を啓く:「老年学」と「笑い学」の遭遇・もくじ

第1笑 「老い」を辿る

第1課　老いと老年学 —————————————————— 9
第2課　老年学と人文学 ————————————————— 18
第3課　老年学と科学 —————————————————— 36
第4課　今にして老年学 ————————————————— 48

第2笑 「笑い」を尋ねる

第5課　笑いと笑い学 —————————————————— 57
第6課　笑い学と人文学 ————————————————— 74
第7課　笑い学と科学 —————————————————— 97
第8課　今まさに笑い学 ————————————————— 110

第3笑 シニアとユーモアが交われば!?

第9課　誰が笑わないのか ———————————————— 123
第10課　子どもの笑い —————————————————— 129
第11課　メディアの笑い ————————————————— 137
第12課　シニアの笑い —————————————————— 146

第4笑 シニア・ユーモリストが時代を啓く

第13課　治療としての笑い ———————————————— 155
第14課　学習としての笑い ———————————————— 164
第15課　ユーモアをユーモアで学ぶ実践 ————————— 173
第16課　錚々たるシニア,華麗なるユーモリスト ————— 191

参考文献　207
索　引　212

はじめに

　あなたはもしかすると，「性補助機」や「第二次肛門期」などの言葉が出ている頁を捲（めく）って見たかもしれません（第1笑）。しかし本書は，それらの概念について述べた尾篭（びろう）な本ではありません。更にもう少し，他の頁を開いてくださると，私がまんざら嘘つきではないことが，おわかり頂けます。

　ところが今度は，あなたの目に「笑いのグルメ」「笑い式ダイエット」などの文字が食い込んでくるかもしれません（第2笑）。しかしその時点で「結局はふざけた本だったのか」という結論に達するのは尚早です。

　本書は，猥褻（わいせつ）でもナンセンスものでもありません。それどころか，未曾有の高齢社会の到来が問い沙汰されている今，避けては通れない極めてシビアな問題に向き合う一冊です（第3笑）。

　更に本書は，不退転の事態を突きつけられたシニアが「笑われ者」や「笑わせてもらう者」の分際から身を翻（ひるがえ）して，笑いの発信者へと変わるであろう展望を示しています（第4笑）。「たかがシニア」や「ユーモアごとき」と，シニアやユーモアに対して，眉に唾をしていた人の目から，鱗が落ちるような情報が満載されています（鷲田小彌太［2002］21頁）。

　恐らくあなたにとって，シニアについて学ぶ「老年学」，及びユーモアについて学ぶ「笑い学」という学問は，まだ聞き慣れない領域でしょう。しかしこれらは実に国際的かつ学際的な，21世紀に欠かせない必修科目であり，「はじめに」では到底ご紹介し尽くせないほどの深意を含んでいます。

　今まで私たちはややもすると，シニアが被（こうむ）りがちな悩みや悲しみに，ユーモアが救いの手を差し伸べている事実に無頓着でいました。だからこそ本書では，シニアとユーモア（老いと笑い）をキーワードとして，ふざけているように見せかけながら，鋭く現実を統合・分析しようと試みました。

　この続きは，どうぞ家へお帰りになって，じっくりお読みになってみては如何でしょうか。本書と過ごした時間が，少しでもあなたにとってのシニア期

を，快活に過ごすための勇気に繋がるならば，筆者にとって身に余る幸甚です。

　　2007年1月

　　　　　　　　　　　　　　　　　　　　　　　　　　小 向 敦 子

シニア・ユーモリストが時代を啓く
「老年学」と「笑い学」の遭遇

第1笑
「老い」を辿る

　老年学とは，その肩を持つ言い方をすれば，学際的且つ国際的な分野である。より現実的な言い方をすれば，他の学問の「おまけ」として，まだらに付け加えられてきた分野である。そこで本章では改めて，人文系および理工系に跨(またが)る老年学の学際性に焦点を置き，老年学とは何であるかについて，学問ごとに紹介していきたい。

第1課：老いと老年学

日本にとっての 老年学(ジェロントロジー) の意味

　老年学（gerontology）が，ひとつの学問として巷間(こうかん)に浸透している，とは未だ言い難い。それは老年学が，比較的歴史の浅い分野であるからだろう。

　老年学の起源は1937年，アメリカで加齢研究クラブ（Club for Research of Aging）が結成された時点に遡ることができる。生物学・臨床医学・心理学の専門家が一堂に会する当クラブでは，高齢期に留(とど)まらない，加齢の過程を踏まえた人間の総合科学的な検証・検討を目的とし，老年学を学問として体系づけた。

　当クラブの動向に続く形で，1945年にはアメリカ老年学会（Gerontological Society of America）が組織化された。そして59年には，第1回国際老年学協会（International Association of Gerontology）が創立される運びとなった（高橋亮「アメリカにおける高等教育ジェロントロジー協会の活動と日本における今後の課題」9頁，国際長寿センター［2000］）。

　日本にジェロントロジーという用語が始めて導入されたのは，意外に早い時

期の1952～3年頃であり，当時は「老人学」と翻訳されていた（柴田博・高橋亮「アメリカ合衆国の老年学教育」日本老年社会科学会編［1999］359頁。橘覚勝「老年学の歴史」長谷川和夫・那須宗一編『ハンドブック老年学』3～14頁，岩崎学術出版社，1977）。その後，約半世紀の潜伏期間を経て，団塊世代が大挙して社会から引退する事態を踏まえた昨今，改まって脚光を浴び始めた。まだまだ未開であるだけに，今後の発展に期待が寄せられる領域である。

　このような生い立ちの老年学は「どうせ高齢者対策だろう」と，誤解されている観が強い。しかし本来の老年学とは，全ての年齢層にいる人（幼児・青少年・成人・高齢者）を対象とする生涯発達学である。異年齢・異世代が相互的に理解を深め合うために欠かせない，世代間学問でもある（同上書，359頁。Shock N. W., "Current trends in biological research on aging,"『日本老年医学会雑誌』5(1)，21～27頁，1968)。

　いみじくも，アメリカにおける行動心理学者の草分け的存在であったスキナー（B.F.Skinner，心理学，1904-1990）は，「老いを考えるのに良いのは若い時である。若いうちなら老いを楽しく過ごす為に，準備できることが沢山あるからである。老いについて学ぶのに若すぎると言うことはない」と指摘した（日本ケアフィットサービス協会［2004］23頁）。また老年学の先駆者の一人であるショック（Nathan W. Shock，アメリカ，1906-1989）は「人間は生まれた時点から老化が始まるので，老年学は新生児から研究対象に入れるべきである」と述べている。

　学識者の言葉を引き合いに出すまでもなく，老年期への準備を，老年（間際）になってから始めるのでは「遅刻」してしまうことは，誰にも予測できる。若年期に，老年に至るまでの人生の全行程を見据える機会を，持てたか持てないかは，その人の生き方を大きく左右するであろう。

　世界最速で社会が高齢化を遂げ続けている，しかも世界の長寿ギネスを更新し続けているのが，高齢・長寿王国日本である。そうとなれば他の分野ならまだしも，この老年学という分野においては，どこぞの国の研究や方針に，ただ追随している訳にはいかない。私たちこそが先頭に立ち，世界が進むべき道を

切り拓く使命を負っているはずである。是非とも「老年」をテーマとする様々な問題・課題に，進んで考えを巡らせ，老年学との親睦を深めていきたい。

何時から老年期？：老年学導入部（イントロ）
「高齢者（シニア）」と一口に言われるが，何歳になるとそう呼ばれるようになるのだろうか。世界的には，60歳以上をシニアとみなしている国があるが，国際連合が刊行する文献類では，シニアを「65歳以上」と統一している（岡崎陽一監修［1999］2頁）。また日本の厚生労働省では，65歳以上を前期高齢者，75歳以上を後期高齢者と定めている。＊ 60代を老年初期，70代を老年中期，80代を老年後期，90代を老年最終期と分類する場合もある（一番ヶ瀬康子監修［1999］12頁）。

シニアになる一歩手前の世代（主に50代）は，プレシニアと呼ばれる。良い体勢で老年期に軟着陸できるために，とりわけこの10年ないし15年に，周到な覚悟と準備をしておきたい。たとえ老年期が，その人にとっての危機であるとしても，事前に心しておけば，少なからずの難を回避できるはずである。

「人生百年」が囁（ささや）かれるようになった現代において，50代への突入は，ちょうど正午に差し掛かる頃合いである。50歳になった契機に，自分の人生の来し方とこれからを，ランチでも食べながら，思い起こしつつ吟味できれば，私たちの午後の充実度は，全く別物にさえなる。

そう言えばアメリカの作家・社会学者であるアン・モロー・リンドバーグ（Anne Morrow Lindberg, 1906-2001）は『海からの贈りもの』（*Gift from the Sea*, Random House Inc., 1975. 落合恵子訳，立風書房，1994，91頁）の中で「人生の中年とは50歳から始まる」と書いている（石原慎太郎・瀬戸内寂聴［2003］150頁）。「50歳になって，やっと中年になれる」そう考えるだけで勇気とやる気が沸いてくる。

日野原重明氏（明治44年10月4日生まれ）は，リンドバーグ女史よりもさら

＊ 英語で前期高齢者はヤング・オールド，後期高齢者はオールド・オールドと呼ばれる。

に大胆な見積もりを出している。厚生労働省の基準に従うなら，後・後期高齢者とでも呼ばれそうな彼は「60歳までが人生の午前，60歳からが午後である」「60歳までは試験勉強・仕事・家庭のことをする。そうすると60歳から自分を表現できる人生が始まる」と述べて憚（はばか）らない（[2002] 104頁）。90歳を超える今にして，階段をひとつ飛ばしでかけ上る現役医師であり，且つまたベストセラーを書き続ける作家である彼は，自ら午後の真っ只中を疾走する勇姿を，私たちに見せてくれている。

　一生を1年に喩えた人物もいる。アメリカの心理学者であるダニエル・レビンソン（Levinson, Daniel J., 1920-1994）は『人生の四季』（*The Seasons of a Man's Life*. 南博訳，1980，講談社）の中で，人生を四季に模した。

　彼によると，人生における老年期は，1年のうちの刈り入れ期（秋）に当たる。その時に結ばれた実は種となり，人生の冬に地面に落ちるが，翌春になれば芽を出し，やがて枝を張る。そして，再びたわわな実を携（たずさ）えて次世代の糧（かて）となる。死は免れない人生の顛末（てんまつ）であるが，各人が生前に蒔（ま）いた命の種は季節とともに輪転する，という発想である（一番ヶ瀬 [1999] 28頁）。

　また中国の思想（周易（しゅうえき））では，人生を季節になぞった上で，それらに色を与えた。種子が地中にあって発芽を待つ幼少期は「玄冬」（色としては黒），知識や技能を修得する少年期は「青春」。人生の半ばを過ぎるあたりからは太陽の輝く「朱夏」，そして人生の実りを収穫し，そのお蔭で欲得から解脱して淡白な日々を送れる高齢期は「白秋」，と惟（おも）みたのである（堺屋太一 [2004] 20頁）。

　1日や，1年に言い換えられる百年の人生。お昼休みや夏の季節に当たる50代と60代の過ごし方についてのストラテジーはやはり，できるだけ朝早く，しかも春のうちに練っておくに越したことはない。

老年人口学の視点

　貝塚古墳から出土した人骨235体（15歳以上）をもとに算出したところ，縄文時代に生きた人々の平均寿命は，31.5歳と推定された。[*] その後，寿命を求

---

[*] 小林和正氏による「出土人骨による日本縄文時代人の寿命推定」（『じぇろ』[2005] 1号，7頁）。

める調査は長らく行われなかったが，明治24～31年に初めて実施された国勢調査の結果をまとめた「第1回完全生命表」には，男性の平均寿命が42.8歳，女性のそれが44.3歳と記録されている。*

　海外における寿命についても見てみよう。20世紀の変わり目頃，イギリスとアメリカでは推定平均寿命が（男女ともに）わずか40歳。今では先進国と呼ばれる国々でさえ百年前までは，戦争や伝染病など突然襲いかかる危険によって，人々が不意に命を失っていたのである（ウォーカー, R., 小室良一［2004］57, 60頁）。

　20世紀になって，ペニシリンを始めとする抗生物質が発見された。そして，世紀半ばに終戦を迎え，医療技術が急激に進化。21世紀を迎えて，世界各国（主に先進国）で人々の寿命が，かつての2倍近くへまで延長されるに至った（同上書，77頁）。

　こうして私たちは，死を体験する前に，高齢や加齢に対して憂慮する歳月を「付け加えられた」訳であるが，寿命を巡って「遺伝説，それとも環境説」のどちらに阿(おもね)るべきか，未だ根強い論議に揺れている。**しかし人間の遺伝子が，大きくは約5000年の単位で変化するものである性質を思えば，わずか50年の間に，それこそ40年も寿命が延びた理由を，遺伝説では説明できない。だとすると寿命は，遺伝と言うよりは環境によって決定づけられる，と考えるべきであろう（柴田博［2003］24頁）。

　「男女間になぜ寿命の差が生じるか」を巡っても，相容(あいい)れない意見が漏れている。まず医学的な見解によると，両者が同じ社会的条件やライフスタイルに則(のっと)って生きる場合，女性のほうが3歳程度長生きするそうだ。これは，女性がX染色体を二つ持つのに対して男性は一つしか持たない，そしてX染色体には老化を予防する要素が含まれている，という遺伝子構造の違いに基づいて

＊　国勢調査が行われる以前の寿命は，出土した人骨や宗門帳(しゅうもんちょう)（江戸時代以降の戸籍）の類に頼って推測せざるを得なかった（『じぇろ』［2005］1号，7頁）。
＊＊　厚生労働省が発表した2004年度簡易生命表によると，同年の平均寿命は女性が85.59歳，男性が78.64歳。いずれも過去最高を更新した（東京新聞，2005年7月23日）。

いる。*

　医学以外の見地としては、動物行動学者であるデズモンド・モリス（Desmond Morris、イギリス、1928-現在）が『年齢の本』（*The Book of Ages*, 1983, Jonathan Cape Ltd. 日高敏隆訳、平凡社、1985、「66歳」の左頁）の中で、次のようにコメントしている。「工業化以前の社会では、平均的には男が女より長生きした。産褥死（さんじょく）や栄養失調による死因が、その時は多かったが、現在では職業上のストレスが平均寿命を脅（おびや）かしている。もし女性が男女性差別撤廃を勝ち取れば、女性の平均寿命はたちまち短くなるだろう」（近藤勝重［2002］246頁）。

　私たちがそうこう考えているうちにも、寿命は順調に伸長している。マウンテンビュー・リサーチ研究所が発表したデータによれば、日本人の平均寿命は2050年には90歳になる。この予測の真意を「百歳を超える人がざらになる」と解しても、間違いではないだろう（白石正明編［2003］24頁）。出足好調とでも言うべきか、『高齢社会白書』（2005年版）では、90歳以上の人口が101万6000人で、初めて百万台を突破。百歳以上の人口は2万3000人を超過した（東京新聞、2005年6月3日）。

　しかし長命長寿が持て囃される片隅に、ぽつねんと取り残されたかに見える問題がある。「長寿番付」に沸く同じ地球の裏側（主に南半球）では、毎年2000万人が餓死している。平均寿命にしてもスワジランドで35歳、ボツワナで36歳、ジンバブエで37歳など、アフリカを中心とする国々では、50歳へも程遠いのが現状である（北海道新聞、2005年4月7日）。

　豊かな国では「長生き」の現象が止まらず、認知症治療や年金事情が取沙汰（とりざた）されるようになった。しかしそんな悩みは、人々が高齢になる前に死に果てる国にとっては、縁のない話である。こうしてみると寿命の長短は、国の貧富を測るひとつの物差（ものさし）となっている。

＊　柴田博（発行年不詳）18頁。参考までに現状では、インドを除く世界各国で女性の平均寿命が男性より長い。女性の寿命が1年程度短いインドでは、その原因として低栄養と多産（特に産後の肥立ちが悪い）が挙げられている。

グレー・ペリル

アメリカでは「2011年の危機」が危ぶまれている。既に現在アメリカは、百歳を超える人口が2億9000万のうちの5万人を占める長寿国であり、社会が高齢化を遂げる様相は日に日に深刻味を帯びている。2011年は、戦後に生まれたベビー・ブーマーの第一波が65歳になる年である（白石編［2003］19頁）。

中国も、「高齢化」の例外ではない。新華社通信（電子版）によると、80歳以上の人口は1990年から2000年までの10年で、1.6倍の1199万人に増加した。既に1万7800人を超えている百歳以上の人口は、2020年までに2700万人に達する見通しである（読売新聞、2004年10月31日）。

韓国には、高齢と少子のペアが訪れている。日本における合計特殊出生率が1.29（2004年度）だったのに対して、韓国統計庁の調べによる同出生率が1.20を割っていることからも、その切羽詰った状況が窺える。*

日本における少子高齢化の傾向は、老年被扶養率（65歳以上の人口の15～64歳人口に対する割合）に如実に現れている。1980年に13.5％だったそれは、2020年には46.3％になる（人口研推計、喜多村治雄［2004］99頁）。現役世代にとっては、パーセンテージの上昇を見るにつけても、自らに負わせられた肩の荷が重くなる感覚を拭い切れない。迫り来るグレー・ペリル（grey peril）に対する杞憂(きゆう)は、若年層をも脅(おびや)かしている。

懸念は尽きない。人々が長生きするのだから、人口は増加するのだろうと思いきや、なんと人口が減り始めたのである。**

大戦時の1937年から42年でさえ、0.5～0.8％の増加率（70～80万人の増加）を示した人口が、1億2700万人（2005年度）を境(さかい)に減少体制に入った。日本の有史以来、必ず増えるものと考えられてきたし、事実年々そうなってきた慣わしの大逆転を、私たちが目撃したことになる。2050年には約1億、2100年には6800万人になる、との予測も出されている（国立社会保障・人口問題研究所

＊　厚生労働省の人口動態統計による（朝日新聞、2005年1月18日）。
＊＊　米商務省センサス局の調べによると、世界の人口は2006年2月に65億人を超えた。この数値は、先進国における少子化を、途上国における多産が上回った結果であり、13年には70億人に達する勢いである（朝日新聞、2006年2月27日）。

2002年推計)。*

　もし予測が的中し，人口減少が恒常的に続けば，労働力人口は先細る。それに伴って経済成長率の鈍化が免れなくなることについては，敢えて言及するまでもないだろう（喜多村［2004］79頁）。

老年社会学の視点
　シニア期には，「新入りシニア」もいれば「ベテラン・シニア」もいる。同じくシニアと呼ばれながら両者の間には，親子より幅広い年齢差が生じることがある。世代別に，彼らの特徴を示しておく必要があるだろう。
　まず大正生まれのシニアについては（意外に感じられるかもしれないが），自由性が強い。彼らは，大戦によって壮齢期（そうれい）を奪われた観があるが，一方で若かりし頃に「大正ロマン」という耽美な時代を過ごした経験を持つ，稀有なグループなのである。
　昭和一桁に生まれた世代は，大戦中に少年期を過ごした。志願して兵役に服した人もいる。そして敗戦を機に切り替わった軍国主義から民主主義への転換に，戸惑いながらも戦後の民主教育を享受した（余暇問題研究所［2004］36頁）。日本を世界一の長寿国へと祭り上げたのは，他でもない彼らであり，今にしてその健在ぶりを誇っている。
　終戦後に，大量出生したのが団塊の世代である。彼らの第一陣が，2007年に60歳を迎えて，社会の中核を担い終え，シニア期への新規参入を果たさんと欲している。戦後の焼け野原や瓦礫の山間（やまあい）に生まれた彼らは，幼少時代には貧困を目の当たりにして育った。しかし国の経済成長に，個人の生活水準の上昇を重ね合わせて，人生の後半には贅沢も味わった一大コーホートである。
　団塊世代が多勢であるのは，運命のいたずらでも，偶然のなせる業でもない。彼らこそは，数に物を言わせて社会を変革する使命を荷（にな）わされ，出産された。「滅私・無私の精神」を持つ先代の忘れ形見として，会社への忠誠心とも

＊ 2050年には8000万人台になる，という予測もある。四千数百万人（つまり3分の1）が減る計算である（白石編［2003］193頁）。

呼べる一途な帰属意識を持つ彼らは，急高度成長期とバブル期の2回に渡って社会に景気を齎した。そしてそのご褒美にリストラの対象となって，尽くした社会から追われる羽目に耐えている。

彼らの人生をそう呼ばずに，一体誰の人生を波瀾万丈と呼べるだろう。なにしろ幼い頃は，いかに生き残るかについて真剣に悩み，大人になってからは常に競争の矢面に立たされた。そして今となっては「棺おけやお墓まで争って買わなければならない」と揶揄されているのだ。

しかし，その甲斐あって彼らには，常に群から秀でようとする気合が充溢している。「従来どおりでは終わらないぞ」という確固たる意識がある。だから今までどの先代も手を着けてこなかった，シニア期に潜む問題点との格闘は，彼らに託す以外にない，のである。

2007年のチャンス

予測によれば，700万人いる団塊世代のうち，およそ400万人が2007年に退職を迎える。それに乗じて，社会からは技術者がいなくなって，ビジネスに穴があく。退職金の支払いに追われ，会社の金庫に穴があく。* 更には，彼らに対する年金支給が急増して，年金システムに穴があく。この一連の現象が「2007年問題」と喧伝されている。

もし彼らが月曜日の朝から行く場所と，やる予定を持たなければ，日本の未来はどうなるだろうか。彼らが，その巨体を今後どのように処していくかが，社会に大きく揺さぶりをかけている（喜多村［2004］102頁）。

もし彼らが行き詰ってしまえば，社会に明るい前途は望めないが，逆に彼らが生き生きと生きられれば，社会にも精気が漲る。そうともなれば2007年は，問題到来の年どころではなく，チャンス到来の年になる。前例のない事態に瀕して，前例のない可能性が開かれるだろう。**

---

* 大和総研の試算によると，民間企業で2007～09年に定年を迎える人の退職金の総額は32兆2000億円に上る（毎日新聞，2005年11月24日）。
** 団塊世代が80歳前後ともなる2027年に，危機は「本格的」になる。

今の今まで，社会に散々荒波を立てては時代を牽引してきた，生まれついての開発部隊（トループ）である団塊世代。そんな彼らが60歳になったからといって突然，品行方正で無難なシニアに納まる訳がない。控えめに言っても，「ちょい悪シニア」にはなってくれるはずである。

かつて切り抜けた戦後の苦しさと，これから迎える老境の苦しさは何処かしら似ている。戦後の困難を繁栄へと，見事なまでに引っ繰り返した実績を誇る彼らだから，第二の人生でも隆盛（りゅうせい）を極めてくれるだろう。

なにしろ「腐っても団塊世代」である。「団塊」と書かれたのろしが，あちらでもこちらでもはためいて，日本にいや世界に，彼らの存在を知らしめる2007年が，遂（つい）にとうとうやってきた。

第2課：老年学と人文学（ヒューマニティ）

いかに死にたいか：哲学的アプローチ

前課では，人口動態に照らした「老年人口学」，そして社会現象に照らした「老年社会学」の話に，少し触れた。引き続いて老年学への接近を図りたい。手始めに，老年期の終着地点である死について考えてみよう。それは，人が抱く不安や恐怖の中のトップランナーでもある。

何もかもを終わりにする死。その死に捕えられれば，心拍や自発呼吸の停止は勿論のこと，見ていた視力，感じていた感触までもが，本人から去っていく。「一目会いたい」と思っていたあの人が駆けつけてくれても「どうせなら生きているうちに来て欲しかった」と，文句さえ言えない。死という異郷に到着してしまえば，人は全くもって，全てを失うのである。

ただ聴力だけが，死後の数時間に及んで残存すると言われている。最後に残されるこの能力は，ある死者にとってはオマージュになるが，ある死者にとっては一足先に地獄へ突き落とされる悲劇になる。死者の枕頭で追悼が続くことがあれば，子孫による資産の争奪戦が始まることもあり，できることなら聞きたくはなかった話を，覆う手は動かせない耳が，勝手に聴取してしまうのは悲

しい限りである。

　一昔前であれば，畑仕事をしている作業中に突然倒れて，そのまま帰らぬ人になるなど，周囲が慌てているうちに，身罷る頓死や急死が多かった。その寝込む間もない「早すぎる死」は，惜しまれたものだった。

　しかし死を巡る事情は，近年になって著しく変化した。危篤状態を何度となく切り抜けて，結局最後には持ち直す「不死鳥シニア」が，あちらの家でもこちらの病院でも羽を休めている。死を目の前にして足踏みをする，その「遅すぎる死」は担当医をして，つい「今度こそ」と口走らせるほどである（清水ちなみ［2000］179頁）。

　こうなったのは，現代医学のお蔭様である。がんに向かってさえ「早期に発見できれば，致死の病ではない」と断言できるようになった医学の力は，私たちが本来なら死んでいたところを，死ななくても済むように救ってくれる。しかしそれと同時に，ありとあらゆる病いを抱えつつも，命だけが取り止められて生きながらえる，まさに「生きる屍」という撞着を生み出している。

　中でも何本ものチューブに繋がれて，重篤であり続けるだけで，いっこうに死ねない病状はスパゲティ症候群と呼ばれる。生きもしない死ねもしないアルデンテ（ちょうど良いできあがり）とは，言い得て妙な表現である（北畑英樹「太く，長く，笑って，コテッ！」『笑い学研究』7号，2000，56頁）。

　しかし脳が死に，自分が自分であるという自我同一性が本人の手元を去った後，呼吸と代謝だけを繰り返す延命装置の付属品と化してまで「生かして欲しい」（生きたい，のではない）と望む人が，どれ位いるだろうか（Theodore Roszak, *America the Wise*, 1997. 桃井緑美子訳［2000］276頁）。苦痛に身悶え，たとえ石に齧りついても，一日でも長生きしたいと願う人が，果たして如何ほどいるだろうか。

　機械により，人間らしさを失った患者の，生命だけをこの世に繋ぎ止める技術を現代医療と呼ぶのなら，苦痛をできる限り取り除き，それぞれが自分らしい最期を迎えられる助けをする技術（ケア・サービス）が未来医療と呼ばれるに相応しい。「楽にしてくれ」と言われて真に受けた者が，案ずる人の死を執

行し，そして刑事上の犯罪者として罪に問われる事態を耳にする時，尊厳死や安楽死は，私たちが考え直さなければならない課題のひとつに思われる。

そう言えば，ドイツの哲学者であるハイデガー（Martin Heidegger, 1889-1976）は「死は生きているものに与えられる最後の挑戦」と語った。一方で，クォリティ・オブ・デス（死に方の質，より良い死，の意）を追求する日野原重明氏（[2002] 95頁）は「死は人間に与えられた最後の賜物」と述べている。

挑戦にも贈り物にもなる両義性を持つ死。どうか感動と共に生まれた命が，感動と共に幕を下ろせますように，と願わずにはいられない（三好春樹［2001］34頁）。「最後に死ぬ，のではなく最期まで生きる」と言われる生き方・逝き方に対する考察は，まだまだ緒に就いたばかりかもしれない（西日本新聞，2003年12月27日）。

PPKになってたまるか！

「死にも見放される」恐怖と対峙するシニアの話を，身近に見聞するうちに，私たちは畳の上で（何年も寝込んでから）死ぬよりは，事故死や客死に見舞われたいと望むようになった。少しでも長生きしたいと願ってきたはずの人間であったが，近代医療の進歩の果てに「死にこじれるぐらいなら，うっかり死んでしまいたい」と望むようになったのである。

近頃では，TMH（「タイム・マネー・ヘルス」を充実させ），MMK（「持てて持てて困る」日々を過ごし），PPK！（「ピンピンコロリ」とある日亡くなる）が，シニアの花道を称揚する標語ともなっている（松木康夫［2003］26頁）。野生動物は通常，死ぬ直前まで元気に活動し老化が始まるとすぐに死ぬ，いわゆる「ピン・コロ死」を遂げるので，人間のたどり着いた先が，動物的死だったことになる。[*]「死んだまま生きる」より「元気に他界したい」願望は，ポックリ死とも呼ばれている（モブ・ノリオ［2004］67頁）。

しかし果たして私たちは，日々地道に生きて来た人生に，そんなに呆気なく

---

[*] 野生の動物より動物園の動物は，病気を抱えつつも約2倍長生きする（昇幹夫［2003b］248頁）。

決別して良いものだろうか。誰とて,病臥して他者の手を煩わせなければ一日を送れない年月や,苦痛に身体を痙攣させる断末魔を経験するよりは,楽に死にたい気持ちはやまやまである。しかし思い通りにならないことをこそ,人生の醍醐味と呼ぶのだろう。

　人は,一生に一度しか死ねない。死とは,その人の一生一世のイベントである。ならば,もっとたっぷりと臨終を惜しむべきではないだろうか。

　少なくともPPKよりは,気の利いた方法がある。それとは,まず寝込んで周囲の人にとことん迷惑をかける。その後で亡くなり,自分の死を喜んでもらう死に方である。通常であれば,死者を惜しむ悲しみに明け暮れ,消耗してしまうはずの親族が,反対に安堵できる。自分の死で,身内孝行ができるのである（柴田博［発行年不詳］77頁）。

　とは言うものの,突然死を望む者の深層心理に,たとえ自分の結末はどうなろうとも,周囲に迷惑をかけたくない思いがあることは,察するに余りある。迷惑がられるより感謝されていたいのは,人間の自然な欲求である。

　だからこそ,常日頃から善業を積み,貯蓄をしておこう。最後の最後に少しくらい,誰かに迷惑をかけたとしても,その何十倍も何処の誰だか知らない人を助けたり,社会に貢献しておけば,恥じる道理も遠慮する必要もない。後々になって,ちょっとやそっとのことでは底を突かないように,前もって素晴らしく生きておこう。

ゲーテと荷風：老年文学的アプローチ

　ゲーテ（Johann Goethe, 1749-1832）は,ドイツが生んだ天才作家である。恋多き人でもあった彼が,74歳の時に料理人のウルリーケ（19歳）にプロポーズした話を知る人は多いだろう（澤口俊之［2002］165頁）。

　そのゲーテにとって,死は唐突に訪れた。83歳になっていた彼は,肘掛け椅子に座り,額にはなんと仕事用のシェードをつけ,空に字を書きながら最後の時を迎えた。腕が膝の上に落ちた後も,指はなお動いていたという（安西篤子［2003］146頁）。

「もっと光を」は余りに有名な，ゲーテの最後の言葉である。それは，理性を導きだす心理の光を求めた発言，もしくは遣り残した時間を光に置き換えた名言，と一般的には解釈されている。

しかし彼が求めたのは，遥かにもっと単純なことだったと囁(ささや)く一派もいる。最後の瞬間まで，何をか書き残そうとペンを握っていた彼は，忍び寄る死の影によって自らの目が霞み始めていたとは気づかずに，部屋がやけに暗いと感じた（安西［2003］，163頁）。そして「もっと陽光を取り入れて欲しい」と，極めて生理的に望んだ，という推理である。

逆に，ゲーテは死の気配を感じていた，と主張する説もある。彼は，最後の時が来たと悟りながら，故意にそれをつっぱねるポーズを示した。なるほど「これからもっと書こうっていう時に，これじゃ手元が暗くて思うように書けないよ」と，如何にも大作家らしい死に方を遂げるべく，精一杯の演技をして周囲の期待に応えようとした，のかもしれない。

ゲーテが死に際に「陽」を求めたのに対し，日記の奈落(ならく)に「陰」の一文字を書き残して死去した文学者が，日本にいる。その人物と，世界的フィギュアであるゲーテを同じ段の話にすべきではないのだろうが，どことなく二人が，まるで陽（太陽）と陰（月）の関係にある気がしてならない。

「陰」なる人物とは，永井荷風（1879-1959）である。彼を巡っては，巨額の金を貯えながら吝嗇(りんしょく)に徹した「貯蓄が趣味の倹約家」との酷評を耳にする（樋口恵子［2001］186頁）。そのケチ振りは，親しい友人が死んだ時に，信じられないほど微々たる香典を包んだ，かと思えば（今時の額面に直すと）1億円以上入ったボストン・バックを拾ってもらったお礼に僅(わず)か3万円（相当）をあげた，というエピソードとなって伝えられている（日本経済新聞，2005年4月10日）。

荷風にとって，戦時の文化と独自のスタイルが食い違っていたことが不運を招(まね)いた。やむを得ずアウトローを演じる羽目になった彼の小説が，正当に評価されるようになったのは，戦後になってからである。期せずして遅咲きの才人となった彼は，73歳にして文化勲章という名誉を手向(たむ)けられた。しかしその

文化勲章をさえ，彼は新聞紙にまるめて部屋の一角にほうり投げていたのだが。*

さしもの怪行で知られた彼の遺言状が，昭和11年2月24日付の彼の日記『断腸亭日乗』の中に認められている。「① 余死するとき葬式無用なり。死体は普通の自動車に載せ直ちに火葬場に送り骨は拾うに及ばず。墓石建立亦無用なり。新聞紙に死亡記事など出す事元より無用。① 葬式不執行の理由は御神輿の如き霊柩自動車を好まず，また紙製の造花，殊に鳩などつけたる花輪を嫌うためなり」（荒俣宏編［1994］28頁）。

ハチャメチャに生きたと思われている彼が，死後にのみ拘りを持っていたとは考えづらい。ならば彼は，滅裂的に生きた振りをして，繊細に生きたのではないか。少なくとも自分らしさを曲げなかったという一点においては，志の高い人だったのではないか。

晩年を迎えた彼は，浅草のストリップ劇場の楽屋に，毎日のように通い詰めていたそうだ。そしてある夜，帰宅後に食べたカツ丼を吐いて窒息死した（竹内宏［2002］77頁）。享年80歳であった。**

勿論，彼の最後の言葉を聞いた者はいない。没する前日まで書き続けていた上述の日記に「4月29日。祭日。陰。」の文字が残されていただけである（http://homepage.mac.com/naoyuki_hashimoto/Menu67.html）。

一人自室で旅立つ死に方は，一緒に住む妻を持たず，そして子どもを作らずに，孤独である自由を謳歌した荷風の，もしや望むところであったのだろう。それはゲーテが，執務中に側近に看取られた死に方とは，裏腹である。ゲーテが「陽」なら，荷風は「陰」の人生を送った，そんな二人のような気がしている。

---

* 75歳で日本芸術院会員となった（竹内宏［2002］75頁）。
** 社会的に十分なサービスやケアを受けられずに，孤立して死んでいくのは問題であるが，彼のような独居や孤独死自体に問題があるのではない（柴田博［2006］106頁）。

シニア文化の復興：文化人類学的アプローチ

　日本にはかつて，老人を尊び，故に老人を優位に扱う文化があった。西洋の文化に比較してみると，その特徴がわかりやすい。幾つか症例を挙げておこう。

　まず西洋では，男性が年配になると禿(はげ)る傾向を憂慮し，鬘(かつら)をつける風習が生み出されていた。現在となっては，イギリスの裁判官などに，名残を見るのみであるが，昔は鬘をかぶって禿を隠すのが通常であった。繰り返すまでもなく，この慣わしの根底にあったのは，若さの象徴とも言えるフサフサの髪を肯定し，それが年齢に同伴して抜け落ちる成り行きを否定する思想である（土屋賢二［2001］50頁）。

　対して日本では，額(ひたい)から頭頂部にかけて毛髪を綺麗に剃り，側頭部の毛のみを巧みに利用して結う「ちょんまげ」と呼ばれる髪型が生み出された。若者にとってちょんまげは，月代(さかやき)（禿やすい部分）を毎日剃らなくてはならないために手間がかかる。しかし年配者にとってそれは，残された髪の有効活用ができ，かつ手間のかからない髪型であった（同上書，51頁）。

　若かりし頃の容姿を維持しようとしてかぶる鬘と，予(あらかじ)め高齢になった時に照準(しょうじゅん)を合わせて結うちょんまげと，毛に纏(まつ)わる風習に，正しく西洋と日本の対蹠(たいしょ)的な視点がみえる。西洋に比べて日本の文化は明らかに，老人の都合を鑑む姿勢を持っていたのである。

　バレエと日本舞踊や，クラシック声楽と義太夫に関しても，同じような系統が窺える。体の柔軟性を絶対条件として連続的に回転したり，羽ばたくのが見せ場となるバレエに対して，日本舞踊ではゆっくりとした旋律に合わせて，腰を反らさず静かに舞う。またクラシック声楽では，広域に及ぶ朗々さが評価されるのに対して，日本の伝統音楽（特に義太夫）では，しわがれた声が歌唱力として認められる，という具合である（同上書，53，54頁）。

　そう言えば，義太夫が流行り始めた元禄期（1688-1704年）の江戸は，人口が百万に近づく巨大都市となっていた。同じ時代に，ロンドンやパリの人口が，50万程度であったことに比べても，栄華の程が偲(しの)ばれる。

やがてそこは「シニア文化」という贅沢を招き寄せた（北川宗忠［2002］131頁）。シニア主役の文化が，サブカルチャーでもカウンター・カルチャーでもない本流として，一世を風靡(ふうび)した時代があった事実は，世界に極めて稀有な，日本が誇る歴史の一頁となっている。

しかもその文化がずば抜けて秀英であったことは，特記に値する。杉田玄白（1733-1817）が83歳で著した『蘭学事始』，葛飾北斎（1760-1849）が70歳を過ぎて描き始めた『富嶽三六景』。そして痴呆の妻の介護に勤しみ「介護の先駆者」として知られる滝沢馬琴（1767-1848）が，75歳で完成させた『南総里見八犬伝』（全106巻）などが，その片鱗(へんりん)である（高橋正雄「江戸時代後期の高齢者文化」『こころの科学』96号，2001，36，37頁）。

ミスマッチが切り札

江戸時代に栄えたシニア文化とは，スタイルもスタンダードも異なるが，現代になって再び，シニア文化復興の兆しが見えている。殊更(ことさら)にスーパー・シニアと称される抜群勢の活躍が目覚(めざま)しく，マスコミなどでも取り沙汰されている。

その面々としては，平均年齢が60歳を超えるチアリーダーで構成されるジャパン・ポンポンはもとより，*90代で天草テレビ（インターネット配信の放送局，熊本県本渡市）を沸かせる人気の女子アナ，ツルちゃん。** 100歳を過ぎてスキーヤーのコーチを勤めた三浦敬三氏など，挙げればきりがない。***

「超級(スーパー)」とまではいかない「一般」シニアの間にも，異変が広まっている。例えば，社交ダンスに興じるシニア。演歌や浪花節とは似ても似つかない，ラテンやモダンの音楽に合わせて，数百種類に及ぶステップを覚えては，舞いに舞う。フワフワのドレスを纏(まと)ったかと思えば，きりりと蝶ネクタイを結んだその姿は，見る者の目を釘付けにするほどに華やかである。

---

* イベントや試合会場に赴いて，人生へのエールを送る。さすがにチアガールと呼ぶには憚(はばか)られる，チアリーダーズ（約20名）が活動している（朝日新聞，2002年11月23日）。
** 本名：黒川ツルエ，1916年生まれ。世界最高齢アナウンサーとして同局がギネスブックへの登録を申請している（西日本新聞，2004年1月1日）。
*** 2004年には，米ユタ州ソルトレークシティで「百歳記念」の滑走を見せたが，2006年101歳で死去した。冒険スキーの嚆矢(こうし)である三浦雄一郎氏は彼の息子（東京新聞，2006年1月6日）。

「車いすダンス」人口も増えている。確かに足が不自由なシニアにとって，車いすは（魔法の）靴となる。それに魔法の杖となるパートナーのリードがあれば，滑るように踊れる。車いすダンスのサークルが旅行かたがた，海外へ遠征公演に出かける機会も拓かれている。[*]

　ダンスはさておき，シニアのゲームに対する情熱もまた，中途半端ではない。臨場感溢れるゴルフを再現した「みんなのGOLF4」（ソニー・コンピュータ・エンターテイメント），カメラで自分の姿を取り込んで遊ぶ「アイトーイ・プレイ」（同上），弁護士となって冤罪（えんざい）で捕まった容疑者の疑いを晴らす「逆転裁判」（カプコン；日本経済新聞，2004年11月18日），もぐらたたきゲームをアレンジした「ワニワニパニック」（ナムコ），そして四国巡礼の疑似体験ができる「お遍路さん」（ピンチェンジ；東京新聞，2004年11月16日）などが，シニア層からの寛待（かんたい）を受けている。

　その他にも，「脳を鍛える大人の計算ドリル」の著者である川島隆太教授（東北大学）がセガトイズと手を組んで開発したゲーム機「能力トレーナー」シリーズがある。ゲーム感覚で楽しくできる学習とあって「毎日の日課」として定着しそうな勢いである。

　なにしろ，シニアという特権階級に属していれば，喩（たと）えゲーム三昧の日々を送ったところで，誰に文句を言われる筋合いはない。これからはシニアが，ラジオ体操や散歩帰りに，比較的空いているであろうゲーセンへ寄り道するのが，朝の新しい風景になるだろう。

　コンピュータや携帯電話をセミプロ級に使いこなすデジタル・シニアも急増中である。[**] 血縁や地縁の希薄化が嘆かれている今，電縁上のHPが，シニアの社交場と化そうとしている（喜多村［2004］15頁，竹内宏［2002］146頁）。

　シニアは長年，リタイアして自由時間を持てるようになったら「夢を実現さ

---

[*] 日経産業新聞，2005年月25日。やがて「寝たきりダンス」が普及する日も来るだろう。パートナーが音楽に合わせて手を取って動かす，足を取って動かす。そうすれば寝たきりの人がダンサーになれるのだから。

[**] 利用する・しないの趣向は抜きにして，電話が掛けられない・テレビの見方がわからない人が，まずいないように，将来的には誰もがコンピュータを使えるようになるだろう。

せたい」と，思いを募らせてきた。そこでいざ，かねてからの夢を叶えるために，自分の中の「更新」ボタンを押してみたところ，従来であれば「不似合い」と考えられていた物へ，物へと接近したという訳だ（沖藤典子［2003］186頁）。引き続き彼らは，私たちが従来抱いてきたアイコンとは，ますます齟齬（そご）するシニア像を形成していくことだろう。

「衣」：家政学的アプローチ

　私たちがシニアへ求めるものと，シニアが自らに求めるもののミスマッチは「衣」を巡っても顕著である。以前，セブン-イレブンの鈴木敏文会長もこのミスマッチに関連して「50代・60代の女性の服を若い商品バイヤーが仕入れると，昔の老人くさい商品ばかりになる」と述べたそうである。

　周囲はいつまでも旧来の固定観念に捉（とら）えられて，シニアに「無難なもの」を提供しようと奔走するが，当のシニアはとっくのとうに，そんな境地からは離脱し，もっと「危険なもの」を求めている（村田裕之［2004］60頁）。この種の食い違いに，現代老年学の侵している最大の過ちがある。そんな気さえしてくる。

　幸運なことに近年，シニアの特性を肌理（きめ）細やかに思い図る「衣」の開発が進捗している。例えばそれらは，体の生理機能が低下して敏感肌になったり，かぶれやすくなりがちなシニアのために，縫い代が肌にあたらないよう折伏せ縫いにしたり，表側へ出して縫製する。加齢に伴い手が上がりにくくなることに留意して，標準よりポケットを低い位置につける。繊維に関しては，抗菌・消臭・即乾効果のあるものを利用する，などただ寒さをしのぐためや，安いからという需要からはかけ離れた拘（こだわ）りと工夫が凝らされている（見寺貞子・野口正孝［2004］6, 34頁）。

　しかもこれらの「衣」は，着こなしに対しても妥協していない。例えば玉虫素材の華やかさはシニアが身につけた方が映えるなど，年を重ねて洗練された人の風格や佇（たたず）まいへの配慮がなされている（同上書，4頁）。

　今後は背中が丸いと着こなせる服や，白髪だからこそ似合う色との組み合わ

せなど，アイディアが更に広まるだろう。恋人同士のペア・ルックも良いが，車いすや介護犬とのペア・ルックも，斬新的である。親子ルックも良いが，孫とのコーディネートができる祖父母なら，もっと素敵に決まっている。

しかし，さしものシニアも寄せる年波には，苦戦しているようだ。全盛期にはすれ違う人を振り向かせたほどの美貌の持ち主さえ，数十年経って後，若者と互角に戦うのはきついだろう。

だからこそ，若い時にはそれ程お洒落に気を使っていなかった人も，シニアになってからはお洒落をする（カバーをする）気合を持って欲しい。この際だから率直に言わせて頂くが，若者ならファッションやメイクの手を抜いた自然体でも，観賞に耐えられる。真剣な手入れが必要なのは，シニアの方々なのである（産経新聞，2004年1月19日）。

シニアになって，何もせずに自分を放置しておくのは恥ずかしいことである。「年寄りがおめかしをするなんて恥ずかしい」のではないので，どうぞお間違いのないように。

そして是非「外に出るためにきれいになりたい」「きれいになったから外に出たい」というシナジー効果を利用して頂きたい。例えば女性シニアであれば，メーカーがしのぎを削る抗年齢化粧品でリハビリ・メイクを決めて，その日の気分によって長短・直曲・金銀の「日替わり」が楽しめるウィッグをかぶる。長年に及ぶ生活観を，見せ付けてしまいがちな手には，色艶やかなネイルケアで加工修正を施そう。

いっそ，美しさの基準を肉体美に設けない，若者のそれとは異なる「二の腕のたるみコンテスト」や「年寄り・オブ・ザ・イヤー」を，競演したいものである（西日本新聞，2004年1月22日）。なにしろシニアのかつてを紐解けば，グループ・サウンドに酔い，ミニスカートをはきまわし，ロン毛を掻きあげたファッション・リーダーへ辿り着く。そんな彼らによるシニア・ファッションの旋風が吹き荒れるのを，これから期待して待ちたい。[*]

---

[*] 1967年にツイッギー（1949–現在，Twiggy，小枝ちゃん。指が細かったのでついたあだ名）が来日，一気にミニスカ・ブームが広まった。

「食」：栄養学的アプローチ

　シニアになると，エネルギーの消費量が減るので，栄養の摂取量も減らしてよい，と誤解されている。しかし事実は，逆である。否応(いやおう)なしに押し寄せる老化に拮抗して，できる限り身体の機能を維持するために，シニアはもっと心して食べるべきなのである。

　そうでなくてもシニアは，歯が悪くなったり義歯にトラブルがあると，知らず知らずのうちに繊維質や硬いものの摂取を避けてしまう。そのため，肉・海草・果物・野菜など，体に大切な栄養素が不足しがちになる（柴田博［発行年不詳］35頁）。

　また加齢と共に，消化液の分泌や胃液の酸度が減少するため，脂質に富む食べ物を「苦手」と感じ，その代わりにあっさりした料理を好むようになる（田村良雄［2004］146頁）。結果としてPEM (protein energy malnutrition, タンパク質・エネルギー低栄養状態) と呼ばれる症状を招いてしまうのだ（柴田博・森野真由美［2002］9頁）。

　この機に是非，シニアの皆様へ「肉体」を維持するためには「肉」が必要であることを，お伝えしておきたい。人体にとっては，3種の脂肪酸（魚油に多い多価不飽和脂肪酸・オリーブ油に多い一価不飽和脂肪酸・バターに多い飽和脂肪酸）をバランスよく食するのが理想であり，肉類には（魚類に比較的多く含まれている多価不飽和脂肪酸では代替できない）一価不飽和脂肪酸と飽和脂肪酸が含まれているのである（同上書）。

　また食事には，栄養を摂る他に，幸福感やコミュニケーションを得るという働きもある（田村 前掲書，161頁）。このことを重視した病院が「有病者を収容する場所」とのイメージを払拭(ふっしょく)できるような病院食の開拓に，力を注いでいる。

　中でもセレクト食を導入している病院が，全国で約4割にまで増えた。セレクト食であれば，カロリーやアレルギーの有無など，患者の状況に照らして作られるメニューの中から，患者が更に好きなものを選べる。アラカルト食（まるでコース料理のように一皿一皿選べる形式）を振る舞ったり，夜景の見える食堂(ダイニング)も創設されている（北海道新聞，2005年4月11日）。

進む「食」の社会化

　シニアの「食」を巡っては，アメリカに興味深いデータ（2004年度）がある。55〜64歳の年齢層は週に5回，65歳以上は週に3.7回程度，外食をするらしいのだ。そのためレストラン側は，「お一人さま」シニアでも入りやすいように，共同テーブルやバー・カウンターを配置したり，「アーリーバード」（ピーク時より早く来る客，の意）として割引する，などの工夫を凝らしている。*

　日本でシニアの外食は，今のところ週にせいぜい1〜2回であろう。もしくは月に1回位や，何か特別なことがあった時だけ，と考えているシニアもいるに違いない。その背景には，誰かに気を使って会食するより気ままに孤食したい，誰かにサービスされるより食事とは自分で準備するものだ，という気持ちがあるようだ。**

　一方で，食供給の社会化・専門化も進んでいる。この傾向は，現役世代の女性の就労率が上昇するのに伴う形勢となっており，既に売れ筋となっているのは，デパ地下やコンビニの惣菜・弁当類である。*** 中でも，栄養士が監修済みや，一流ホテルのシェフの手による品目は，シニアの定評を博している。

　これらに負けじと，高齢者・高品質・高機能（3高）をキーワードとして掲げる冷凍食品群が健闘している。**** また自宅に持ち帰って食べる「中食」と，家で素材から調理する「内食」の中間として，刻む・乗せる・煮る・焼くなど家で一手間加えて食べる「半・中食」もヒット商品となっている（日本経済新聞，2005年7月27日）。

　料理は今後，毎日の義務として行うのではなく，趣味として楽しむ領域になる。特にシニアにとって料理は，脳と指を使う活動であり，ボケ対策にはもってこいである。しかも料理をすれば，自分が食べたいものを食べられる他に，

＊　全米レストラン協会（National Restaurant Association）の調べによる（日本食糧新聞，2005年6月15日）。
＊＊　1998年以来，今もって外食産業は縮小し続けている。
＊＊＊　女性が仕事を終えて帰宅した後に，家族のために食事を作る束縛から解かれつつある（柴田博［発行年不詳］69頁）。
＊＊＊＊　2004年における家庭用冷凍食品の生産量は52万トン，販売額は2357億円。年々快調に伸びている（朝日新聞，2005年8月6日）。

友人をもてなすなど，交際の輪も広げられる。

　その効果を知ってか知らずか，現役の時は一度も台所に立たなかった男性が，退職を境にして料理教室へ集い始めている。シニア男性が料理を好きになれば，夫婦円満に一役買うところも大きい。「女性にとっての義務」でなくなる料理は，「男性にとっての趣味」になれるようである。

福祉機器で超人に：福祉学的アプローチ

　トヨタ自動車では，車椅子を利用する人が介助者なしでスライド式ドアから乗り込み，そのまま運転できる「ウェルキャブ・コンセプト」を発売している。また日産自動車ではスカイラインなどの車種に手動運転補助装置（手でブレーキとアクセルを操作できる）や足動運転補助装置（足だけで全ての操作ができる）が搭載されている。*

　体の不自由な人が，誰かの車輌に乗せてもらうのではなく，自力で車輌を操縦できる意義は計り知れない。ハイテク福祉車輌の開発は，今では各社がしのぎを削り合う分野となっており，ホンダ（フィット・シビック・フェリオ），三菱（タウンボックス），スバル（サンバー）なども参戦している（読売新聞，2005年7月3日）。

　車椅子を巡っても，様変わりが新興している。注目を浴びているのは，1充電で連続30km走行（最高速度は6km/h）できる電動4WD車椅子の「パトラ・フォー」(Patra Four，日進医療器）。使用中の手動車椅子を，時速3〜6kmの電動車いすに早変わりさせる着脱自在のモーター「チェアーライダー」（あい・あーる・けあ，東京）。** 車椅子や歩行器に取り付けると（バネの力で）最大5cmの段差を楽に乗り越える段差解消キャスター「エンカツ・クライマー」（エンカツ・ジャパン，静岡）などである。

　福祉機器化の波は，家電用品にも押し寄せている。中でも，頭蓋骨を通した

---

* 運転補助装置はオーテック・ジャパンが開発（東京新聞，2004年11月3日，日経産業新聞，2004年11月26日）。
** 蛍光色仕立てにすれば，夜間走行も安全である（北海道新聞，2004年10月25日）。

振動で，聴覚器官に音声を伝える骨電動式のスピーカーが内蔵された枕は，寝たきりや聴覚障害を持つ方々にとって，新次元を開いたと言える（読売新聞，2004年1月25日）。その他にも，機能の簡素化を図り表示文字やボタンを大きくした携帯電話，火の消し忘れがないIHクッキング・ヒーター，聴取補助システム（放送内容を実際よりもゆっくり聞ける）を装備したラジオ，などが売上げを伸ばしている。[*]

近い将来，医療文明の利器によって心臓ペースメーカーを埋め込み，[**] オストメイトを取り付けるなど，[***] 機器と共存する人造人間としてのシニアを，処々に見かけるかも知れない。いわば超人(スーパーマン)と呼ぶに相応しい彼らは，生身の若者には到底真似できない能力を持つだろう。

「シニアが超人になるなんて」と訝(いぶか)る人のために少し補足しておきたい。例えば，白内障の進行を止めるために人工レンズを装着したシニアが，梟(ふくろう)を圧するほどの夜光性視力を得る。難聴の悪化したシニアが，人工鼓膜の力を借りて犬顔負けの地獄耳になる。関節炎でどうにもならなかったシニアが，人工関節にしてみたら，競争馬のごとく走る，などである。

そして更に，医療技術の進歩に工業技術の進化が並走すれば，ペット・ロボットを手なづけて，自由奔放に暮らすシニア貴族が出現しても不思議はない。余りの格好良さで，見る人を魅了するような福祉車輛や車いすを，穏急(おんきゅう)自在に乗り回すシニア・ライダーが，世の悪玉菌を征伐してくれる未来も，単なる夢物語ではない。「スーパーマン」こそは，21世紀の現実味溢れるシニア像と言えるだろう。

---

[*] 発声の切れ間を詰め，その分だけ発声自体を伸ばす処理をすると，ゆっくり話しているように聞こえる。価格は2万円程度（朝日新聞，2004年8月11日）。
[**] 直径5センチ（左胸）ほどの機器で，脈拍が60以下に落ちた時に作動してくれる。使用者は全国で30万人を超えている（東京新聞，2003年5月28日）。
[***] 人工瘻，またはそれを持つ人のこと。膀胱瘻・腸瘻・胃瘻などがあり，瘻孔を通じて分泌物・排出物を出している。

ノブリス・オブリージュ

　米誌『フォーブス』が発表した「世界の長者番付」(2006年版) によると，米マイクロソフト社のビル・ゲイツ会長が12年連続で首位を守った (東京新聞，2006年3月10日)。ウィンドウズ95の開発以来「金持ちランキング」の覇者である彼が，公式インタビューや取材の席で「人間の最高の幸福は奉仕である」「医療問題に取り組むといくらでもお金をかけられる」「子どもには財産は残さない。重荷になるようなものは残さない」など，折に触れて述べているのを耳にした人は，少なくないはずである。

　資産額500億ドルを有するビル氏とはスケールが異なるが，世界中にいる億万長者（いわゆるミリオネラーやミリオネーゼ）の約6人に1人は，なんと日本人である。メリルリンチと仏調査会社であるキャップ・ジェミニが，世界銀行の国民所得統計を元に，個人資産家について調査した報告書によれば，2004年末時点で100万ドル（約1億7000万円）以上の純資産（居住目的の不動産を除いた資産）を持つ日本人の富裕層が134万人いた。人口比では日本人の約1％に当たる。そのうちの大部分を，シニアが占めていることは繰り返すまでもないだろう（朝日新聞，2005年6月11日）。

　残りの99％の日本人に関しても，世界から見れば「お金持ち」に違いない。中でも日本のシニアの預貯金額が，年金をもらうようになった後にも，減るどころか増える現象は，世界的珍事である。

　その一方で，発展途上国には，紛争や天災により難民を余儀なくされたシニア，エイズに罹った子ども夫婦を看病しながら孫を育てているシニア，就業人口が都市部に流れ込み過疎地に置き去りにされたシニアが溢れている（ローザック，S.著／桃井訳［2000］330頁）。また高齢化に対する社会保障制度が不備な国々では収入がない・身寄りがないために物乞いになるシニア，体力が弱っているのに栄養・衛生・治安の悪辣な環境に放たれ，後回しにされる事はあっても優先される事のないシニアが，苦痛に顔を歪めている（読売新聞，2002年5月21日）。

　日本のシニアの皆様には是非，この現状が指す意味を噛みしめ，ボランティア

精神を超えるノブリス・オブリージュ（noblesse oblige, フランス語）の精神を遺憾なく発揮して頂きたいと願う。皆様が発信する愛を，世界は「今や遅し」と待ち望んでいる。

危ない夫婦：ジェンダー学的アプローチ

たまの日曜日にしか在宅しない現役時代の亭主は，家のお客様でいられた（竹内宏［2002］19頁）。平日の深夜，寝に帰る彼らの中には「ふろ」「めし」「ねる」の3語を主言語とする無言の境地に至り，妻の名を「オイ」や「ちょっと」と呼んでいる者のいることが，久しく囁かれてきた。

近年になり，このような夫族の数は，かなり少なくなったものの，完全に絶滅したとは言えない（近藤［2002］224頁）。もっとも顎や目線で，夫に指図を与える妻が増えてきているので，このまま行けば立場の逆転も，ありえない話ではない。

折しも頭を過ぎる不吉な予感がある。定年後に「毎日が日曜日」同士となる熟年夫婦が果たして，今日も明日も明後日も，家で顔を突き合わせながら仲良くやっていけるのだろうか。

既に，主人在宅ストレス症候群（ストレスと強い関係のある高血圧・胃潰瘍・十二指腸潰瘍・過敏性腸症候群・脱力感・冷や汗・震えなどを症状とする自律神経失調症・鬱状態）に陥った妻の話。そして一家の大黒柱から，ぬれ落ち葉や粗大ゴミへと急転直下した夫の話が，ジャーナル類に投稿されている。このような悲劇を今後，拱くのではなく，少しでも未然に防ぎたい。そのために，何か手立てはないだろうか。

早速，思いつく節がある。日本には，家で何もかもやらされている夫さえ，外向きには全て妻にやってもらっている振りをしたがる悪習がある。妻依存を吹聴している訳だが，それは自慢ではなく恥であることに，そろそろ思い当たってみて頂きたいのだ（北海道新聞，2005年2月24日）。

聞きつけた話によると，著名なキャスターである田原総一朗氏も過日の対談で「僕は自分で歯磨き粉を買ったこともないし，何処で売っているのかも知ら

ない。（妻の死後）着替えが何処にあるかもわからず衣替えができなかった」と，平然と話したそうである。そこで，全国におらせられる夫族さま，とりわけ男性シニアの皆様に告ぐ。

　どうかこのような事態を，日本男子の腐敗として受け止め，直ちに自立の道を歩み出して下さい。「自分，不器用ですから」の台詞がさまになるのは，高倉の健さんだけである。もし貴方が健さんではなく，しかも器用に生きられなければ，待っているのは涙なしには語れない悲しい結末である。

　一方の妻側にも改善の余地が残されている。「釣った魚に餌はやらないタイプ」と，夫を鋭く批判する妻がいるようだが，餌をやらなくなったのは，もしや自分の方ではないだろうか。元々，少しでも大きな獲物を捕まえようと餌まで垂らして釣をしていたのは，男性というより女性だっだのではないだろうか。

　「家庭内労働はシェアされるべき」と女性が主張するならば，家庭外での労働も，男性ばかりではなく女性によってシェアされなければならない（近藤［2002］224頁）。子育てを終えた女性が，仕事に従事し社会的存在になることは，男女同権を主張する国々の常識である。

　権利を求める者は，まず自身が，それを主張するに足る者でなければならない。もし権利だけを主張し，それに伴う義務を怠るのであれば，そのような方は女の，いや人の風上にも置けない。

　なぜこんな説教じみた話かと言うと，夫婦の不和を巡る話が引きも切らないからである。しかも深刻にならざるを得ないのは，1940年には22年だった1夫婦あたりの平均結婚年数が，72年には倍の44年に増加。近年では，金婚式（50年）・エメラルド婚式（55年）・ダイアモンド婚式（60年）を迎える夫婦もめずらしくないためである。

　昔なら，末っ子が結婚して家を出た後に，老夫婦が二人きりのカップル・アゲインに戻って過ごす年月はゼロに近く，「相手が死んでから好きなことをしよう」と願えば，その通りに事が進んでくれた。[*] それが今となっては，20〜

---

[*] カップル・アゲインとは，子どもが巣立ち二人に戻った熟年夫婦のこと。やがて生まれる孫を見守るうちに，彼らの愛情も甦る，と言われている（樋口［2001］91頁）。

30年の待ちぼうけを食わされる。

どうせ長年にわたり辛抱してきたのだから，いっそ最後まで辛抱するのか，それともせめて最後は思う通りに生きたいと望むのか（樋口［2001］158, 159頁）。どちらにしようか……。

厚生労働省の人口動態統計（2002年）は，後者を選ぶシニアが増えている傾向を示している。離婚総数は1975年に比べて2.4倍。中でも結婚30年以上の熟年離婚が約12倍，35年以上は約15倍という膨張に見舞われた。*

この状況に，女性の平均寿命が男性のそれに比べて長いデータを加味すると，夫と離婚して一人になる女性，及び夫に先立たれて一人になる女性が増える，という結果が出る。現に「20年後には約3人に1人が独居老婆になる」との予告があり，いわゆる「おばあちゃんの世紀」が，出任せの噂ではないとわかる（喜多村［2004］129頁）。

その来るべき時，彼女たちを待ち受けているのは，一体どのような未来だろうか。老夫を切り捨てたつもりの老妻が，平気な顔で棄老する姥婆から，放逐されてしまわないことを願う。

第3課：老年学と科学（サイエンス）

老年医学：医学との接点

老年学の中でも，理工系寄りの話をしていこう。手始めに，老年医学（ジュリアトリクス）(geriatrics) と呼ばれる分野へ近づいてみることにする。

老年医学では，シニアの体の働きが正常でなくなる原因や，それらを回復するメカニズムの究明に焦点を置く。シニアは老年医学に触れることで，自分の体にどのような変化が起こっているか理解できるようになる（同上書，40頁）。例えば，年とともに顔の表情が乏しくなりがちなのは，物を噛む（顎を吊る）筋肉の衰えのため，声がダミ声になる（低くなる）気がするのは，筋肉の薄い

---

* 2005年度の同統計では，結婚件数の減少に連動して，離婚件数も減少していることが伝えられた（毎日新聞，2004年11月26日，日本経済新聞，2005年12月22日）。

膜でできている声帯が弛(たる)んでくるため，と納得できるようになる（白石［2003］178，179頁）。

また老年医学を通じて，実に様々なシニアに関連する情報・知識に触れて物知りになれる。実際に例えばシニア（65歳以上）の，骨折外来の受療率は若年の約3倍，骨折の入院率は約10倍，転倒・転落による事故死率は10倍以上（厚生労働省患者調査）などと知っていれば，日常生活の送り方に留意できるようになるだろう。

更に，骨折は少しの段差でつまずいて転ぶ，咄嗟の事態に即応できなくて転ぶ，（自転車など）簡単な走行操作を誤って転ぶ場合が多いなど，原因について学ぶ。「ならば」と，不意の転倒を防ぐための食事療法や，体の機能維持およびアップを目指す運動など，対処法についても学ぶ（喜多村［2004］45頁）。老年医学は正しく，シニアにとっての必須科目である。

そう言えば，世間には「人間は30歳を過ぎると，毎年4000万個の脳細胞が死ぬ」云々との，風説が流れている。この噂によれば，80歳を迎える頃には，20億個の脳細胞を失う計算になり，私たちを不安に駆り立てている。

そこで，もっと明るい気持ちになれる説も流布しておこう。30歳の時に約140億個ある脳細胞は，80歳になっても，たったその十数パーセントがなくなるに過ぎない。しかも嬉しいことに，積極的な活動（仕事・ボランティア・趣味など）に取り組んで脳を使い続ければ，細胞の死を予定よりも一段と延期できる，らしいのだ（竹内宏［2002］47頁）。

ウォルター，M. ボルツⅡ世（Walter M. Bortz Ⅱ，アメリカ）の記した『100歳まで生きる法』（*Dare to be 100*, Carol Mann Agency, 1996. 深堀京子訳［1997］53頁）には，まるでこのことを裏付ける吉報がある。ボルツ氏は，人は30歳が最も活力に溢れる年齢であり，その時期に何もしないと毎年2％の身体機能の低下が始まると認めながらも，週に二度ほど適度な運動を行えば同機能の低下を0.5％に食い止められる，と述べている。彼の言う「適度」とは，軽く汗をかく位の運動であり，犬を散歩するだけでも具(つぶ)さな効果が得られる（豊田直之［2004］11，12頁）。

しかもシニアになるに従って若者には持てない特有なパワーを授けられる，というから驚きである。それとは「忘却力」である。なるほど今までの人生にあったことを根こそぎ覚えているようでは，その重みで記憶の海底に溺れかねない。拠ってシニアには，自分に都合の良い事以外は，安心して，進んで忘れて良いとのお墨付きが与えられるのだろう（石原・瀬戸内［2003］296頁）。

　いずれにしても，加齢と共に失われる能力を，惜しむ必要はないほど悠に，人は残存能力を持つ。ならばむしろ私たちは，そちらを如何にフル活用するかの思惟にふけるべきである。

　現に，スイスの心理学者であるユングは「普通の人は自分の潜在的能力の約50％を開発して，残りの半分は置きっぱなしにしている」と述べている。ウィリアム・ジェームス（アメリカ，心理学者）は「私は今まで自分の潜在能力の10％以上を使っている人間に会ったことがない」と語った。マーガレット・ミード（アメリカ，社会人類学者），オットー・カーンバーグ（アメリカ，心理学者）に至っては，それぞれ「平均6％しか発揮していない」「5％が普通」と主張して譲らない（デーケン，A.［2003］129頁）。もしこれらが事実ならば，本当にMOTTAINAI話である。*

抗年齢医療と代替医療

　アメリカで1990年，ヒト成長ホルモン（HGH, human growth hormon）を60歳以上のシニアに，皮下注射として毎週3回，6ヵ月間に渡り投与する臨床試験（学術研究）が行われた。その報告書には，脂肪組織（とりわけ腹部）の減少・筋肉の強化・背骨の骨密度の上昇，が統計的に有意となった結果が記されている（ウォーカー，R., 小室［2004］160頁）。

　筋肉量や骨密度は年齢の指標とされており，この試験はヒト成長ホルモンを中心としたホルモン補充療法によって，加齢に伴う退行性変化を，ある程度抑制できることの実証となった。** このように加齢の進行をできる限り遅らせた

＊　ワンガリ・マータイ（Wangari Maathai, 1940-）女史の言葉。彼女は2004年度にノーベル平和賞受賞，現在はケニアの環境副大臣。
＊＊　抗酸化物質やサプリメントと併用すると，更なる効果が期待できる。

り，加齢による症状そのものを阻止しようと取り組む分野は，抗年齢医療（アンチエイジング）と呼ばれる。

　ところで抗年齢医療を，美容整形医療と同類視している人がいるようだが，それは事実ではない。抗年齢医療の範疇は，より広範に及ぶものであり，例えば近年つとに人気を獲得している種類として，キレーション治療法がある。少し説明しておこう。

　キレーション治療法には，血管内に蓄積した有害ミネラルや有害化学物質類を排泄することによって血管の老化を抑え，ひいては心臓病・脳血管障害・高血圧・肺閉塞などを未然に防ぐ効果がある。アメリカでは，合成アミノ酸を輸液する方法が1960年代に始まり，次第に普及率が伸びた。日本では未だに保険外の治療であるために，初診料で12万円，1回の治療費に2万円相当かかることがボトルネックとなっている*（いずれは，抗年齢医療にも保険が適応されるであろうが，その日はどれほど先になるのだろうか）。

　一方，代替医療も密かなブームとなっている。その領域は，現代の西洋医療・医学以外を指し，一般的には漢方・鍼灸・指圧・マッサージ・アーユルベーダ（ayurveda）**アロマセラピー・サプリメント・ハーブ療法・呼吸法などが知られている。近年では大多数の大学医学部でも，教育カリキュラムに代替医療のコースを取り入れるようになった（生田哲［2004］1頁）。

　最も注目に値する先駆的な代替医療としては，ソシオ・エステティック（社会的・人道的な見地で行われる美容施術）がある。中でもフランスでは既に，病院や高齢者施設でソシオ・エステティシャンが化粧や体の手入れ・マッサージなどの施術に当たっている。彼（女）たちは，***病気や薬の知識を含む医学・

---

*　キレート（chelate）は，蟹のはさみで掴むの意味。体内の有害物質をしっかり挟み掴んで，尿として排出させる治療法（日本経済新聞，2004年9月27日）。
**　インドで5000年前から行われている民間療法で，「医食同源」の考えに立つ。日本では，薬草・芳香・オイルマッサージ療法などが行われている。
***　フランスでエステティシャンは，国家資格。彼（女）らへの報酬は病院・施設が払うため，原則として患者の自己負担はない（読売新聞，2004年11月2日）。日本でも，日本エステティック協会が「エステは裕福層だけのものではない」との立場をとるコデス（CODES）と提携してコデス・ジャパンが2005年に設立された。

心理学，そして福祉分野についても精通する専門家として認められている。

エステ部門は従来，富裕層や若者が見せびらかしたがる「美意識」を，浮標と定めてきた観がある。しかしこれからは，患者やシニアが抱える苦痛の削減やストレス解消のためにも，その本領を惜しみなく発揮していくことだろう。

ともあれ人生たかだか120年。現代のあらゆる医学や生物学を以ってしても，長さにおいては，これ以上伸ばしようがない。その与えられた年月を，どのように数寄を凝らして生きるかの選択肢が，個人に残されているだけである。

生と性：心理学との接点

フロイト（100頁参照）は「生の本能はエロスである」と主張した。彼は，性的エネルギーこそが命の原動力である，と考えていたのである。実際，私たちの身近にも，好きな相手を思うだけで表情や行動が生彩を帯びる（いわゆる人生がバラ色になる）事例が溢れており，心理学者の論を持ち出すまでもなく，「性」が「生」のエネルギーであることを理解できる（荒木乳根子「高齢者のセクシュアリティとケア」『老年社会科学』26巻4号，481頁，2005）。

フロイトは，幼児の性欲の発達段階（成長過程）を三つに区分した。それらは①口唇期（全ての物を口を通して確認しようとする），②肛門期（肛門とそこからの排泄物に大きな興味を示す），③性器期（性器に興味がフォーカスされる）である（メーリン，E. ＆オールセン，R.B.著／東翔会監訳［2003］155頁）。また，シニアに対しては「赤ん坊に戻りたい」という退行願望を持つと考えた。これは俗に「歳を取ると赤ちゃん返りする」と，現在も言われている通りである。

改めてフロイトの考え方を整理してみると，更なるテーゼが生まれそうになる。人は歳を重ねるに連れて「赤ちゃん返り」するというより二度目の肛門期および性器期に入り「悪がき化」する，のではないだろうか。シニアは，目くるめく性と生への関心を持て余す第二次肛門期・性器期の只中にいる，のではないだろうか。

退職後の長丁場をどうしてやり過ごそうか，と考えているシニア。「趣味やボランティアに打ち込みたい」は，格好よい外向けの話である。率直なとこ

ろ，自由な時間ができて，余剰なエネルギーが漲(みなぎ)れば，彼らに真っ先に蘇(よみがえ)るのは，性への関心であろう。

「衣食住足りて性欲を知る」と言われる現代シニアの身体的機能が，以前のどのシニア世代よりも良好な様子は，誰の目にも明かである（樋口［2001］146頁）。例えば一昔前であれば，人々は高齢になるに従って好奇心を失い，体に不調をきたしていた。しかし今のシニアは「健康だけが取り柄です」や「元気という病気です」（石原・瀬戸内［2003］149頁）を誇る。かと思えば「一病息災」や「病気は勲章」と，病気との共存を自慢する御仁(ごじん)もいる（遠藤周作［2003］19頁）。そんな現代のシニアにとって性は，潰(つい)える事を知らぬまま行き場を失った欲望，と化しているに違いない。

にも関わらず，シニアの性に対する興味や行為を「不謹慎だ」「破廉恥(はれんち)極まりない」として取り締まろうとする風土が，いつまでもある（メーリン, E. & オールセン, R.B.著／東翔会監訳［2003］152頁）。そしてその旧慣を，逆撫(さかな)でするかのようにシニアが，時に鮮烈な性的発言をする。するとそれが，聞く者を凍りつかせる，という悪循環を作り出している。分かり合えない両者の間で，偏見という名の溝が転(うた)た深まるばかりである。

比較的深刻な病気や障害を持つシニアの性に対する「色眼鏡」に至っては，尚著しい。少し具体的に弁明させて頂こう。

例えば認知症の場合は，性本能に関する拠点が脳の大脳辺縁系に存在しているため，初期段階であれば性的活動に何ら支障はない。たとえ症状が進行し，知的な分野に障害が見られるようになっても，セックスへの興味・欲求は，最後まで失われにくい（同上書，157頁）。

また骨粗しょう症の場合は，性に対する興味や欲求が減るどころか，寝たきりを余儀なくされている鬱憤(うっぷん)から，倍増している可能性がある。投稿されていた話だが，とあるおばあちゃまは，往診に来るのが若い男の医師だとわかると，往診の前にやれお風呂だの，着替えだのと大騒ぎして，いつも（病気ではなく恋わずらいの）熱を出していたそうである（清水ちなみ［2000］186頁）。

そろそろ私たちは，シニアが性に関心を持つことを「みっともない」と考え

るのをやめにしよう。現に，北欧などの福祉先進国では，身体的障害を持つために性行為がままならないシニアが，容易に自慰行為やセックスできるために，高齢者施設に性補助機が常備されているほど，彼らの性に対する理解が熟しているのだ。*

　人は，大切な人を失う，病魔と闘う，など悲しみや苦しみを味わう時に，誰かを愛してみたいという気持ちを持てる（遠藤［2003］206頁）。自信を喪失しかけた時に，そんな自分を認めてくれる相手に対する愛着欲求（特定の人と常に一緒にいたい，その人と一緒にいることで安心感を得たいという欲求）が強まる（柴田・芳賀・長田・古谷野［1993］138頁）。

　よって愛情のこもった肉体的親密さを，生まれた時と老いた時に，手探りで求めるのは寧ろ人間の根本的摂理だと言える（同上書，57頁）。他の動物にはない，死に向かうが故の享楽や耽溺への執着を持つ人間だけが，その晩節に甘美な性愛を希求できる者なのである（石原・瀬戸内［2003］138，175頁）。

シニア市場：経済学との接点

　二昔前までのシニアは，まとまったお金など持ったためしがなかった。それを見て育った経験からだろう，一昔前のシニアにとっては，お金を貯めることが最終目的となった。お金を使うなどは「めっそうもない」と，自分たちには倹約生活を課した彼らが奢侈を垣間見るのは，孫に何かを買ってあげる時ぐらいであった。

　一昔・二昔前のシニアが背負っていたジンクスを打ち破りつつあるのが，現今のシニアである。彼らは，自分が獲得したお金を自分の代で使い切ろうとする「最初の世代」と言えるだろう。

　聞くところによると，今時のシニアが老後を生き抜く際のモットーが3点あるらしい。①子どもには手間をかけ，お金をかけない。②親には感謝の気持ちを捧げ，お金はかけない。③お金があるのなら，自分自身に投資する（三田誠

＊「老人は，病人は，安静に」どころではなく，老いて病んでいる人ほど，刺激や楽しい時間が必要，と捉えているのだろう（大胡淳二［2002］3頁）。

広［2004］119頁）。何とも粋ではないか。

　このようなシニアの心境の変化を，世相に敏感な経済界が見逃す訳はない。今やあらゆる方面からのビジネスが「百兆円シニア市場」へ白羽の矢を向けているかに見える（村田裕之［2004］6頁）。特に介護用品に絞って，好例を幾つか挙げておこう。

　先達って，介護用品コーナーを開設したのは，百円ショップのザ・ダイソー（大創産業，広島県東広島市）である。当コーナーでは，紙おむつ・薬整理ケース・うがい受け・介護用スプーン・吸い飲み・持ち手のついたカップ等を取り扱う。手すり（315円），尿瓶（420円），カラフル杖（1050円）など，百円を越える商品も販売されている。

　またイオンのスーパーであるジャスコでは，全店に「シニア・ケア」のコーナーを広げるべく起動中である。イトーヨーカドーでは，ほとんど全ての店舗で介護用品を置く「あんしんサポート・ショップ」を開設。そしてドラック・ストアのマツモト・キヨシには，転倒防止用マット・電動車いす・介護ベッドなど，大型介護用品が取り揃えられている（読売新聞，2005年2月12日）。

　この勢いには，悪徳商法さえ便乗しようとしている。彼らは寄ってたかって，必要のないサービスを「してあげる」と迫る。しかし最近では，そんなイカサマを逆手に取って，彼らに発破をかける賢いシニアも増えており，悪者の暗躍する舞台が，次第に狭められつつあるようだ。

　そもそもシニアだけが，一方的に対象（消費者）にされれば，ビジネスの均衡は崩れる。バランスを保つためには，シニア向けビジネスと並行して，シニア起業家（エントレプレニュア）によるビジネスが展開されるべきである。

　実際にシニアが，シニア層へ新規参入を果たす時に，今まで考えてもみなかった「不便」や「不満」にぶち当たる。これが，願ってもないビジネスの動因となる（樋口恵子［2004］177頁）。

　例えば改めて，退職後のシニア・カップルを，妻（女性）は家の「城主」であり，夫（男性）は会社に縁を切られた「浪人」と，考えてみる。女性には，カルチャースクール・人気レストラン・観光地など，お城の他にも居場所があ

るが，勤務先以外に身の置き場のないのが，男性陣である。あぶれた彼らが何処で，どんな風に，人生の第二章を過ごすのか。「男の園」の開発に，一つの商機が潜んでいるのではないだろうか。

「葱をしょった鴨」と思われてきたシニアが，いよいよ「目の肥えた上客」や「スマート・シニア」へ転身しようとしている。[*] 既存の企業と競争せず，若い人のチャンスを奪わず，社会に貢献できるシニア・ビジネスの発掘に期待が寄せられている（沖藤［2003］182頁）。

「住」環境への拘り：建築学との接点

二世帯住宅（二世代住宅でも同意）はバブル期に，速（すみ）やかに増えた住宅形式である。この時期，土地やマンションの価格が高騰したために，公庫融資の超長期（親子リレー式）返済ローンが登場したことが一因であった（堀田力監修［2001］214頁）。

子どもにとって二世帯住宅の魅力は，生活費を削ってまでローンを組んだり，狭い借家で我慢する代わりに，親の財産を有効利用できることであろう（竹内宏［2001］15頁）。親にとっては，子どもに近くに居てもらい何かと安心できる，しかも世間体が良いことがメリットになる。しかし親側が二世帯住宅を，一つ屋根の下の家族と感じている一方で，子どもの方は，玄関・トイレ・キッチンが独立した別世帯と考えているようだ（門野晴子［1996］62頁）。

このような両者の二世帯住宅に対する思い入れの食い違いは，後々の大きな亀裂を予感させる。同居直後は役に立つ老親（主に母）は，同居期間20〜30年の間に介護が必要な存在になる（沖藤［2003］210頁）。その頃に時を同じくして，昔は可愛かった我が子は，小言を言う中高年になる。

二世帯住宅のきれいごとばかりを詠う住宅会社の宣伝文句には，このようなザ・リアルが語られるべくもない。平均寿命の延びと同居年数の長さの比例関係も，両者間の摩擦とストレスを深刻にしている。

---

[*] スマート・シニアとは，機器やサービスを縦横に活用して多くの情報を収集し，積極的な消費行動を取る年長消費者のこと（村田［2004］13頁）。

もっとも近い将来，二世帯住宅の必要性はなくなるので，まずは一安心である。なにしろ一人っ子同士が結婚するケースが増えて，それぞれが親の家を引き継ぐために，持ち家が二軒になる。物件は余剰するに乗じて値が下落するので，住宅取得が容易になる（三菱総合研究所・木村文勝編［1999］86頁）。即ち二世帯が鍔迫りあって一緒に住む原因と理由が，一緒になくなるのである。

　その成り行きを見透かすかのように，二世帯式の住宅に取って代わる，こだわりある暮らし方をするシニアが，近年続出している。まずは週日と週末に，都市と田舎を行ったり来たりして住み分けるハーフ・ターン方式を選ぶシニアがいる。「住み分け」をすれば，機能的な生活を捨て去れないが，田舎暮らしへの憧れも絶ち切れないという，二律背反する要望の両々が満たされる。生活を二極化することで，「どちらか」ではなく「どちらも」手に入れる欲張りな生活パターンである（堺屋太一［2003］131頁）。

　更には，タイム・シェアリング（時分割）ならぬ，シーズン・シェアリングに則る暮らし方も編み出されている（左右田鑑穂［2001］186頁）。これは鳥類の渡りのように，季節の変わり目ごとに転住を企てる生活方法である。

　実例を挙げると，北海道シーズネットとシーズネット京都（NPO法人）では会員が，夏は涼しい北海道で，秋から春は情緒ある京都で暮せるように，お互いの空き家や自宅の一室を提供している。滞在者は受け入れ先で自炊をしながら，地元住民との交流や観光を楽しむことができるので，まるで「国内版ロングステイ」と言えるだろう（北海道新聞，2003年4月22日）。

　一方，郊外の一軒家に住んでいたシニアが，何処へ行くにも便利な都市部へ移り住む現象が見られる。子どもたちが独立した後，老夫婦あるいは老親一人で住むには，大き過ぎる・手間がかかる・交通の便が悪い・段差だらけなのが，一軒家の短所である。そしてそんな4拍子そろった自宅より，庭の草むしりがない，鍵一つで出かけられる，雨戸の開け閉めがない，エレベーターがある，暖房・照明の節約ができる，医療施設・銀行に近い，のが都市部のマンションである（沖藤［2003］20頁）。

　実際に都心部では，高層マンションの開発・販売ラッシュが進んでいる。部

屋の大きさは，老番(つがい)を意識した2LDKが多く，価格は自宅と引き換えに買い求められる4000万円前後が中心である。また少数ではあるものの，違いに拘(こだわ)る富裕層向けに，特別仕様がてんこ盛りされた20億円以上の超高級物件も用意されている（産経新聞，2003年1月15日）。

「これから」の生き方を充実させたいと強く願い，しかも24時間を自在に操るシニアなれば，眠らない大都市が活動の本拠地としてふさわしい。朝寝・昼寝・宵寝をして精を付けた彼らが，夜な夜な街のライブハウスで音楽に酔い，オールナイトの映画館で陣を張る。青春を謳歌する若者と青春をやり直そうとする兵(つわもの)が，自然に袖を交えては意気投合する，そんな風景が都会の一隅にあっても良いだろう。

海外遊学で青春を再体験：教育学との接点

幾つになっても私たちには「何かを学びたい」「教養を身に付けたい」と，自己拡大を願う気持ちがある。だからといって，シニアの域に及んで窮屈に学ぶ必要はない。シニアの学習スタイルは，試験の得点や資格の合否を念頭に置く猛勉強とは一線を画して，教育（education）と娯楽（entertainment）の要素を兼ね合わせたエデュテイメント（edu-tainment）が主流になる。

「楽しそう」がきっかけでよい。そこから学術も技術も，大発明も大構想も生まれる。楽しいからといって，学習内容のランクは必ずしも低下しない。元々，学校の語源であるskholéが，ギリシャ語で「余暇」を意味しているように，昔から学びとは余暇を興じるものであったのだ。

ではさて，どのような時に学びが発生し，また教養が深まるのだろうか。学びは「へえー」と感心したり，「まさか」と驚いたり，「ハッハ」と笑ったり，「そんな馬鹿な」と疑問に思う時に発生する。ならば例えば，愉快な旅をしながら学ぶ，或いは愉快に旅をする，それ自体が教養を深める体験になるのではないだろうか。

お金では，売買できない教養，しかも「有ると無いとで大違い」なのが教養である。第二の人生へ向けて仕切り直しをしようとする時に「教養（知的なお

土産）を持って帰る」をキャッチ・フレーズとする学びの旅（遊学）がシニアの間で興味の対象となっている。

　そこで実際にシニア遊学では，どのようなことができるか考えてみよう。まず知性に磨きをかけるべく学習活動に邁進したいと望むならば，大学の学部や大学院の研究科への正規留学ができる。また大学でなくとも，専門学校などで英語専修課程に在籍し，語学研修に打ち込める。語学研修以外ならば，欧米で西洋美術史やアンティーク家具について学ぶ，中国で漢方医学について学ぶなど，自分が興味を持つ分野の講座や研究グループに参加できる。

　現地の自然・生活を堪能したいと思うシニアは，学習に活動の要素を盛り込めば良いだろう。例えば，農場に滞在してワインづくりを学ぶ，ガーデニングの技術を身に付ける，自然の素材を生かした料理法を学ぶ，などが挙げられる。

　自らの情緒を滋養したいと考えているシニアは，音楽会や演劇鑑賞に足しげく通ったり，町並みや人々を写真に収めて廻れば，正しく遊学である。その他，ジュエリーデザイン・フラワーアレンジメントなどに挑戦することも情緒的活動の内である。

　スポーツに興味があるシニアも多かろう。特にゴルフ・ファンであれば，コーチ付きでゴルフのプレーができ，ゴルフの歴史・ゴルフ概論などについて学べるゴルフ留学へは懸命に取り組めるに違いない。そしてヨット・クルージング・乗馬など，日本では取っ掛かり難いと敬遠されがちなスポーツの中に，海外では気軽にできるものがあるので，果敢に挑戦されてみれば如何だろうか。

　またボランティアなど社会的活動に関心を持つシニアであれば，空いた時間を利用して日本語を教えたり，日本の伝統を広める傍ら現地の人と親しくなれる。海外にあるリタイアメント村を訪れて，村に住むシニアの話し合い相手になったり，散歩のお供ができる（日本経済新聞，2002年3月11日）。文化交流・福祉活動の一翼を担いながら得られる収穫は，決して少なくないはずだ。

　謳歌したとはいえ，多くの制約や不自由さが付きまとっていた時代に青春期を送ったシニアは，今から本業として，本腰を入れて青春のやり直しができ

る。生まれて始めての経験に出会い,多いに悩み,挫折しながらも成長する道程が青春の命題であるならば,異郷の地でそのほろ苦さを存分に味わって欲しい。そして更に,学生特有の焦燥感や自信のなさが青春の象徴であると言うのなら,シニア遊学は正しく青春の再体験である。シニア遊学生の分限に甚だ甘えて,青春時代という名のキャンパスをうろつき廻ってみて欲しい(宮田薫［2000］3頁)。

第4課：今にして老年学

シニアの沽券

シニアに絡む話は,決して牧歌的には語り尽くせない。むしろ敢えて語られるべきは「それを言ったらお終いだ」というぐらいの,シニアが抱え持つ暗闇の部分なのかもしれない。ここで思い切って,それらに攻撃させて頂こう。

老醜に塗れる・老害を撒き散らす・老獪に立ち回る,などと言い慣らされている通り,身の毛がよだち,身震いするような,シニアにはシニアなりのやり口がある。社会の底辺を這いずり回り,人生の蹉跌と挫折の辛酸を舐めて,幾年をかけて磨かれた狡知は,仙人並みなのである。

止むところを知らない苦労・不幸の連続に見舞われてきた彼らの眼に,若造のやる事なす事が,さぞや弛んで見えるに違いない。そしてそんな若者に象徴される無勢に,思い知らせようとして,シニアが人脈・権力・金を蕩尽するのである。

それにしても,何時からシニアと若者世代は,かくも隔絶するようになったのだろう。案外なことに,シニアが若者の直ぐにもカッとなる性質や経験のなさを笑いものにしてから,幾久しい。* ざっと5000年にはなる(土屋［2002］137頁)。

古代エジプトの遺跡には「今の若い者はなっとらん」という内容が刻まれて

---

* エイジズムは,高齢者に対してばかりではなく,若者に対しても仕掛けられるイズムである(ヴェルドン,J.著／池上俊一監訳［2002］134頁)。

いる。完全な形で残留する世界最古の法律書と言われるハムラビ法典（紀元前1750年頃発布）にも，若い世代に対する嘆きが記されている。*

　若者とは古い価値観の破壊者であり，先鋭的な文化の創造者であるから，いつの時代でもシニアの目障りであったのだろう（竹内宏［2002］36頁）。遠い痕跡（こんせき）の中に，予（かね）てから「若気の至り」を訝（いぶか）ってきたシニアの冷ややかさが窺われる。

　しかしどの年配者も，過去を振り返れば，おしなべて若さを跋扈（ばっこ）して過ごした時期がある。そしてそれで「正解」だったと思われる。なぜならば人は，過去の失敗を踏まえてやっと，前進できるからである。若い時に既にまともであった人に，むしろ問題があり，失敗のない人生を送ったと思い込んでいる人の人生が，丸ごと全部失敗とも考えられるからである。

　驚くなかれ，夏目漱石の生きた時代に「高等遊民」という言葉があった。そしてなんと彼も当時，その一味であったのだ。現代のニート（自称「実業家見習い」）は，恰（あたか）も遊民の再来である。そして彼らの中に将来，夏目氏に劣らないレベルで，後世に名を残す人物が紛れ込んでいるのだろう。

　シニアが若者に，不親切や意地悪をしておきながら，彼らからの尊敬は獲得できない。シニアが若者にとって求められる存在になるのか，邪魔者になるのかは，シニアが自らの持てるパワーをどう使うかにかかっている。

　シニアが若者を笑うのは，目糞が鼻糞を，ブスがデブを笑うより低俗である。そして「我いまだ，ここにあり」と驕慢（きょうまん）に重鎮（じゅうちん）ぶる，そんなことのためにシニアの実力があるのではない。若者の犯す愚行さえ，さり気なくカバーして恩にも着せない，それをこそシニアの沽券と呼びたい。

シニアが見せる後ろ姿

　多額の預貯金を持っているはずのシニアであるが，なぜだかその周辺には，吝嗇（りんしょく）な逸話が多い。1980年代の話になって恐縮だが，祖父が孫とその従兄弟

＊　古代バビロニアに作成されたハムラビ法典には，刑法・民法・商法など生活全般にわたる慣習法が記されている（渡辺弥栄司『125歳まで，私は生きる』ソニーマガジンズ，2003，198頁）。

5人に「皆で仲良く分けて食え」と，アイスの代金として10円をくれた思い出が，今は大人になった孫によって投書されていた。今の10円とは価値が違うにしても，大きな財布を持つ祖父と，彼がくれた小さな額のギャップが，（思い出というよりは）トラウマとなって，いつまでも孫の記憶から落ちなかったようである（清水ちなみ［2000］167頁）。

別の孫からは，同居していた祖母が自分だけ部屋でこっそりメロンを食べて，その皮をトイレに捨てて処理したところ，汲み取りの時にホースが詰まって嫁であった母が怒られた，という話が寄せられていた（同上書，23頁）。当該者でなければ，聞いて笑えもするが，孫の幼心には，それだけでは済まされない失望を残したに違いない。

また世間一般の傾向として，お中元やお歳暮などの頂き物は，もれなく受け取っておきながら，下位の者との割り勘を好むお偉い様がめっきり増えているようだ。自分が多額の給料をもらっているのは，たまには下々の者にご馳走してあげるため，という考えにも及ばないようである。

更には，立派な組織の立派な地位に就いて，社会の中で生かされていながら，最後まで個人の栄華しか考えられないようなシニアもいる。世の中でこういうシニアが「ああはなりたくない」「ああなったらおしまいだ」という「負」のロールモデルとして若者の前で猛威を奮って氾濫し，そして若者の覇気とチャンスを奪っている可能性はないだろうか。

シニア（先輩・上司）と若者（後輩・部下）が，共存を超えて共栄するために，シニアが他にすべきこと，できることが沢山ある（沖藤［2003］123頁）。まず自分の大切なものを，次世代のために譲る判断ができてこそ，一人前の先輩である。* そして自分以上に，優れた後継者を育てあげてこそ，よき上司であろう。

人生の先達であるシニアなら，若者の前に聳え立つのではなく，彼らの前に両腕を差し伸べて欲しい。一見，暢達に見える若者はその実，身近に見習う

---

* これは人が守り抜かねばならない大原則である（沖藤［2003］121頁）。

べき実像を探し出せない迷子の群れである。タレントやスポーツ選手など，著名人に自分の将来を重ねようとするが，そうできないと悟る過程で，奔走（迷走）する者も，中にはいる。

　だからどうぞシニアの皆様。多少の横柄さには眼を瞑(つむ)って，若者と一緒に走ってみてはくれまいか。「こんな奴らは話にもならない」と彼らを卑下してしまえば，関わらなくて済む分，楽ができるが，敢えて面倒な族(やから)に近寄ってはくれまいか。

　「私の言う通りにやりなさい」と口先で指図する年配者に，若者はうんざりしている。しかし「私のする通りにやりなさい」と，身を以って手本を示す先導者がいるなら，若者は必死で付いて行こうとするだろう。シニアが笛だけ吹いて，若者に踊ってもらうことはできない。シニアが披露する踊りを，継承してくれる若者がいるだけである。

　面倒くさがり文句ばかり言うシニアであれば，若者に面倒くさがられ，省かれても仕方がない。行動できるシニアであれば，周りに同じように行動できる若者の輪ができる。たとえシニアのライフサイクルが終わっても，シニアが作り出したうねりを次の時代へ波及させようとする若者が，必ず現れてくるだろう。

　「偉そうな人」が，一段高い舞台の上から演説をぶっても若者の心に響かない様子は，成人式の反乱を見ても解る。「偉そうな話」には耳を傾けない若者の眼は，シニアの後ろ姿を見ている。自分なりの全力疾走で生きるシニアの背中を，じっと見つめている。

抗加齢・成功加齢を見放す

　抗加齢(アンチエイジング)には，加齢が好ましくないものであるからそれにどうにかして抗(あらが)う，という思想が込められている気がする。老いることを各人にとっての，シニアを抱え込むことを社会にとっての「やっかいな問題」とみなす立場が透けて見えるようである。

　成功加齢(サクセスフル・エイジング)にも，同じようなニュアンスが顕在している。「誰かさんみたい

に自分は失敗しないぞ」「その振りを見て我が成功を治めるのだ」という躍起(やっき)が込められている気配がある。そこで敢えて，挑発的な見解を述べさせて頂こう。

このまま抗加齢や成功加齢が啓蒙されれば，生真面目な日本人は，世界の中でも群を抜く模範的なシニアになれるに違いない。しかしその健気(けなげ)な有様を思うと，喜ばしいどころか，心配が先に立つのはなぜだろうか。

そもそも歳を取るとは，それ程忌(い)むべきことではないはずだ。だとすれば目指すべきは，成長エイジングやアロング・エイジング（加齢に寄り添う）で良いだろう（日本経済新聞，2006年4月28日）。遅かれ早かれ「抗体(アンチ)よりは自然体がよい」「不成功(アン・サクセスフル)でもよい」という考え方が優位になるだろう。

かなり大胆な予想になるが，将来的には年齢そのものの存在が，抹消される可能性もある。現代の日本では「決まって」と言って良いほど，名前の横に括弧書きで年齢が記される。しかし既にこれは，世界的にみれば見慣れない組み合わせである。

先例としてアメリカでは，求職用の履歴書にさえ年齢を記入しない場合がある。何年に学校を卒業し，何年から何年までどのような仕事をしたかについては記入するが，何年に生まれたのかについて，述べる・述べない自由が残されている。

本人の気持ちはお構いなしに，毎年機械的に加算される年齢。この数字に付いていけずに，タイムラグを感じているシニアが，さぞ多いに違いない（樋口[2001] 51頁）。従来までは4, 5匹の鯖を読んで，そのズレを修正してきたが，近年になってヤング＠ハートのシニアが急増し，それこそ10匹も読まなければならない疲弊(ひへい)を生じている。

実際問題として，年齢（出生届に記載されている年月日）は，その人にとっての大まかな目安でしかない。それが証拠に，例えば病院で手術をする場合，事前に必ず精密検査をして，患者の体の状態を測定する。もし50歳の人が，皆同じ状態なら，このような手間は無用なはずである。年齢によってではなく，人によって身体的機能が異なることは，誰もが認める真実なのである（ウォル

ター，M. ボルツⅡ世著／深堀訳［1997］279頁）。

　何歳であるかに拘る文化がなくなれば，履歴書にも健康診断書にも，生まれた月日だけが記される。誕生日を祝っても，それが何回目であるかには気を留めなくなる。これこそが，老いも若きも隔てない究極のユニバーサル・デザインなのだろう。

　そしてシニアに席を譲る不文律(ふぶんりつ)のある国にシルバーシートがないように，長寿者を尊敬する文化のある国で，長寿番付けを誇示する必要はなくなるだろう。* 少なくとも「何歳で何をした」や「何をしたのは何歳の時だった」と，年齢が殊更に強調される言い回しが使われなくなる日は，かなり近いはずである。

「シニアになれてよかった」と思えるために

　健康や美貌など，老いとともに手放さざるを得ない私有物が多い。その代償に，老いは一体何を，私たちに授けてくれるのだろうか（樋口［2001］75頁）。

　失うものと引き換えに，得られるものがあれば，私たちは安心して歳を取れる。もし得られるものを見つけられなければ，未解決事件の被害者のような心境になる。

　「シニアになれてよかった」という特典とは何なのだろうか。そんなものが果たして存在するのだろうか。考えてみる必要がある。

　いくら「若いつもり」で振る舞っても，歳を取る現実からは，誰も逃れられない。たとえどんなに願っても，生きている限り若返ることはない。人に残されているのは，今死ぬか，生きて更に老いるかの選択だけである。

　赤ちゃんのヨチヨチ歩きは，見る者の目を細めさせるが，高齢になって同じ歩行をすれば，見る者の口を歪(ゆが)めさせる。若者が悪態をついたり失敗を犯しても，「若気の至り」で許してもらえるが，いい歳をした大人が同じ事をすれば，

＊　長寿番付けの正式名称は全国高齢者名簿。各年9月末の時点で百歳以上の人と，年度中に百歳になる人を全国集計した結果であり，1963年に老人福祉法が制定されて以来，「敬老の日」の前に発表されている。「個人情報の流出」に当たる気がしないでもない（近藤勝重［2002］243頁）。

見捨てられる。シニアになる不利はあっても、メリットなどひとつもない。そんな厭世的な気分に襲われることが、しばしばである。

老境を讃える美辞麗句をどれだけ並べられても、それが「二度と明けることのない夕暮れ」であり、「次の春が来ない冬」であると思う気持ちは止められない。いくら頑張っても悪化しかしない厳冬の中を、ただ進むしかない運命を背負わされた先輩や同士を目の当たりにして、シニアに向けられた生ぬるい理念と、シニアが直面する凍て付くような現実が矛盾をきたして、益々彼らを苦しめている。

しかしシニアたる者、やはり只者(ただもの)ではなかった。どうせ来ない春ならば、来ないことを嘆く分だけ損をする。それより最後の冬を、如何にして充実させるか、支度を整える方が賢明、と思い至ったのである。

不幸や不自由は、いわば「負」のエネルギーであるが、エネルギーには違いない。ならば、それらを自分の味方につけてシニア期を「第二」の青春などとは呼ばせない、青春よりもはるかに芳醇な「R60」(アール)や「60＋」(プラス)の季節へと変えてしまえば良い。

「老いてなお　夢多くして　ひな祭り」ぐらい破天荒であってよい。* いっそ幾つになっても夢見ることを忘れない、焼きのまわった好々爺と、幾つになってもお祭り騒ぎに心躍らせる、老いどれ好々婆になれば良いだろう。

シニアであることはそのまま、1日たりともスキップできない刻一刻を積み上げてきた証拠である。しかもシニアが「出来上がる」のに、最低でも60年は待たなければならないことから、シニアの一人一人は世界に二人といない超級のレアモノだと言える（綾小路きみまろ［2002］15頁）。

中には、シミや皺が増えるのに歯の数・毛の数が減ったと、落胆しているシニアがいるだろう。血圧・血糖値・血清総コレステロールの値が高まり、長年憧れていたはずの「3高」になってはみたものの、複雑な心境のシニアもいるだろう。しかし、年齢を重ねるに連れて経験が増え、そしてその甲斐あって見

＊『女宅家の人々』『徳川の夫人たち』などの著者である吉屋信子(よしやのぶこ)（1896-1973）の一句。

識が深まった。だとすればこれしきの身体的不具合や故障で，シニアになるまで生きてこられた幸運を軽んじてはならない。*

たとえ，社会から落魄(らくはく)のラベルを貼られようとも，その同じ社会に精一杯の片思いをする。片思いであれば，誰にどう思われようと，何の見返りがなくても，失意がない。

そして抗(あらが)いようのない死という歴然と正面を切って，必敗の戦いに挑む（吉本隆明［2002］200頁）。何処の国にも，何時の時代にも，自ら進んで謳(うた)われない英雄となり，縁の下から支え，影に回って力を出してきたシニアが（仮に少数であったとしても）いたという歴史を，霞(かす)めさせてはならない。

残り物には訳がある，のぞよ。だからシニアになれて，本当に良かった。その矜持(きょうじ)を，シニアの皆さまが決して見失うことのありませんように。

美しい老化はありえるか

つぼみと満開の後に，自身を散らせることで巻き起こる桜吹雪には，えも言われぬ美しさがある。また源氏の勝利を描いたのではなく，平家の滅亡を描いた『平家物語』にも，妖艶(ようえん)さが漂う。これらはハッピー・エンディングにはない，散り際の美，滅びの美に他ならない（土屋［2004］91, 92頁）。

人は若い頃に「死んでもいい」と，命知らずのことをする。そして年老いたお蔭で命の尊さを悟りかけた矢先に，死んでいかなければならない。** 本人の意思とは関わりないところで，人生に定められたこの宿命もまた，無情を携(たずさ)える美と言えるだろう（石原・瀬戸内［2003］187頁）。

このように「哀れ」であるはずの身に宿る零落(れいらく)を「もののあはれ」と思える感受性を，私たちが持てたことは，人としての役得である。私たちが最後に輝

---

* 吉田兼好の言葉を借りれば「年をとって知恵が若い時に勝るのは，若い時に容貌が老いた時に勝るのと同じである（徒然草，第172段）」（荻野文子『ヘタな人生論より徒然草』河出書房新社，2003, 80頁）。
** ギリシャの三大悲劇詩人のひとりであるソフォクレス（Sophocles, BC496-406）は「老人ほど人生を愛するものはなし」と述べた。代表作に『オイディプス王』『アンティゴネ』がある（澤口［2002］165頁）。

けるという奇跡とともに，その渾身の輝きを見届ける眼識を持つ限り，美しい老化はありえる。老化そのものが，末期(まつご)をかけた終焉の美なのである。

第2笑
「笑い」を尋ねる

　老年学に引き続いて，笑い学についても，あれこれ検討したい。まず笑い学のイントロ（5課）として，笑いの本質・種類・定義について紹介する。続いて笑い学の幅を広げ，かつ深く掘り下げるために，人文系（6課）と理工系（7課）ごとに，考察を進める。その上で，「結局笑い学とは何なのか」についての小括（8課）を行う。

第5課：笑いと笑い学

笑い学の導入部（イントロ）

　老年学もさることながら，笑い学もまた「超」学的な学問である。インターナショナル（国境を「越」える），かつインターディシプリナリー（学問分野の壁を「超」える）であることが，老年学と笑い学の共通点である。

　笑い学を推進している組織としては，アメリカに「国際ユーモア学会」（International Society for Humor Studies, 1976年創立）がある。本部はアメリカのアリゾナ大学英文学科にあり，季刊誌 *HUMOR—International Journal of Humor Research* を発行。アメリカ各地とヨーロッパの交互で年次大会を開催し，研究成果を披露すると共に，笑い学に携わる人々の交流をはかっている（井上宏［2003］214頁）。

　日本には，大阪に本部を構える日本笑い学会（The Japan Society for Laughter and Humor Studies）がある。創立（1994年）以来の10年で，大学・院関係者のみならず芸能界・スポーツ界などからマルチな才能を持つ面々が集結し，今では1000人を超す会員を擁するまでになった。毎年編纂されている

『笑い学研究』は，研究論文集としての価値も高い。また「笑い」をキーワードとして，各支部で講演会・勉強会が随時催される他に，大阪と日本各地の交互で年次大会も開かれている（井上宏「『笑い学』の樹立を目指す」『大学時報』2004年3月号，77頁）。

気が付いてみれば私たちは，経済的な裕福さを手に入れようとして，ヒューマニティ（humanity，感動・人間性）を手放してきたかのようである。そしてこのような時，物欲を満たされながらもストレスに苦しむ社会とその住人を救うために，笑いやユーモア（humor）の持つ可能性が，模索され始めている。笑い学・ユーモア学（humorology）は紛れもなく，21世紀に脚光を浴びる学問の筆頭であろう。*

笑いの諸相

まず笑いの語源について，紹介しておこう。「笑」なる表現は「割る」や「割れる」に同根，と推測されている。笑いが必ずと言って良い程，表情の綻びを伴う事実に照らして納得しやすい（形の文化会編［2004］112頁）。また「微笑み」の語源に関しては，「えみ」が笑う時の「エ」を発音する口元に似ているところから生まれた，とする説が有力である（中村明［2002］3頁）。

いずれにしても「笑い」や「笑み」という言葉が指す意味は，実に幅広い。あるいは解釈の仕方によって異なる意味を持つ，と言うべきだろう。そこでそれらの性質・体質（種類）についても触れておこう。

笑いと笑みの性質は，和みや同意を含む親和性，蔑みや嫌味を含む攻撃性，ことば遊びやジョークを含む遊戯性などに分類できる（井上宏他［1997］216頁）。また体質として，制御できない衝動性（生理性）がある一方で，相手との人間関係やその場の状況に応じて使い分けられる社交性（作意性）がある（形の文化会編 前掲書，135頁）。社交的な笑いや笑みの中には，相手を慮る種類があれば，照れくさい・ばつが悪い時に現れるなど，自分に修正を加えるため

---

* ユーモアを「人間や人間性を表すヒューマーに由来する言葉」と考える説もある（有田［2004］168頁）。

の，それらもある（中村明［2002］15頁）。

　性質や体質を，上下に伸びる「等級別」スペクトラムに見立てることもできる。上方に位置するであろう品のある笑いや笑みとしては，皇族が発する（もしくは皇室をネタにする？）ロイヤル・ジョークが挙げられる。下方に属するものと言えば，排泄や性交に関わる猥談や下ネタなどがある。

　笑いと笑みが持つ「表情」も様々である。大まかに，耳に聞こえる・聞こえない・目に見える・見えないの区別ができる。笑い声の大小や高低は，笑いの性質・体質を見分ける際の基準にはなるが，声のピッチに笑いのサイズが比例する法則はない（福井直秀［2002］7頁）。声を伴わない笑みは，「にこにこ」や「にやにや」という擬声音に置き換えられる場合があるが，同じ笑顔ながら，「にこっ」と「にやっ」ではかなり違う様相になる（上野行良［2003］14頁）。

　笑いと笑みはしかるに，怪人二十面相並みの多重人格を持つ，というのが今のところの結論である。正体不明なる正体を持つ，と言い換えても良いだろう。

笑いの諸刃(もろは)

　どうにかして笑いへの理解を深めるために，日々の生活で実際に使われている表現に注目してみよう。上に述べた性質・体質を勘案しながら，改めて笑いを，親和・攻撃・遊戯・衝動・社交という5つのグループに分類してみたい。

1　親和（和み・同意）的笑い

　笑いは，自分の喜びを他者が，そして他者の喜びを自分が，共感する手段のひとつである。笑いには，喜びを分かち合う両者の距離を，一気に縮めて親近感を育む効果がある。また笑いによって，自分が相手に敵意のないことを示したり，相手に対する賛同や協調を伝えられる。相手が不利な立場にある時には，笑いで救いの手を差し伸べられる。この種に入る笑いとして，次のようなものがある。

　　ほがらかに笑う
　　わだかまりなく笑う

屈託なく笑う
無邪気に笑う
談笑する
笑顔(しょうがん)する
微笑みかける
会心の笑みを浮かべる
朗笑

2　攻撃（蔑み・嫌味）的笑い

　親和に富んだ笑いを，一瞬で消し去る笑いもある。この種の笑いには，相手の不幸や失敗を笑うなど残虐的なものや，相手に敵意を啓示(けいじ)したり，相手を貶(おとし)める際に吐かれる誹謗中傷的なものがある。*

　親交のための笑いが，人間関係を「上下」から「平坦」にするのに対して，攻撃的な笑いは平等な関係にさえ甲乙を作り出す。上が下を見下すのは唾棄(だき)する笑い，下から上へ向けられるのは不敬の笑いである。また相手のことなどお構いなしに見える笑いの元を辿ると，相手に余裕のあるところを見せ付けるための笑いに行き着くこともある。

冷やかして笑う
意味ありげに笑う
ほくそ笑む
嘲弄(ちょうろう)する
にんまりする
一笑にふす
含み笑い
薄ら笑い
せせら笑い
玄妙な笑い
巧笑
憫笑(びんしょう)

＊　裏腹に，笑おうともしない姿勢によっても蔑みや嫌味を示すことができる。

第2笑 「笑い」を尋ねる　61

3　遊戯（遊び・ジョーク）的笑い

　いかにすれば自分が他者に笑ってもらえるかを目論む，笑いのプロがいる。彼らにとっては，相手に愉快を齎すことができれば成功。笑いの襲撃をかけて，相手を笑いのめすことができれば本望であろう。

　このような笑いには，笑い「物」や笑い「種」など，マイナスのイメージを押しつけられている側面もあり「いつまでも笑ってないで」と，あっさり斬られてしまうこともある。「笑っている」が「ふざけている」と同意に取り扱われるとは，不本意な処遇である。

　また相手を「茶化す」や「かつぐ」笑いは，もし度が過ぎたり，悪気や憎悪を帯びる「悪性」であれば，苛めや虐待になる。節度を弁えた良性のものであれば，ジョークになる。

　　笑いをとる
　　笑わせる
　　失笑を買う
　　ふざけて笑う
　　からかって笑う
　　破顔一笑する
　　頤を解く
　　哄笑をばら撒く
　　大笑い
　　爆笑

4　衝動（生理）的笑い

　全ての感情を凌駕して，笑いが飛び出すことがある。それは笑いが無断で，人の目や耳から隙をついて割って入り，いわば突然その人を「くすぐる」からであろう。

　そう言えば「くすぐり」とは最も原始的な笑いであり，他の笑いが精神的刺激を受けて起こる中で唯一，肉体的刺激を受けて発症する。自分で自分をくすぐっても，痛くも痒くも可笑しくもないが，自分の想定外にくすぐられると面白く感じる。このことは笑いが，意外性や驚きと切っても切れない関係である

裏付けとなっている（角辻豊「笑いと人類文明」『笑い学研究』8号，2001，67頁）。

　　笑わずにいられない
　　笑いが止まらない
　　笑いの壺にはまる
　　笑いの渦に巻き込まれる
　　笑いがはじける
　　思わず笑っちゃう
　　うっかり笑い出す
　　手を打って笑う
　　笑顔がこぼれる
　　思い出し笑い
　　忍び笑い
　　くすくす笑い

　5　社交（作意・照れ）的な笑い

　社交辞令（相手を立てる・自分が謙（へりくだ）る）のために，笑いが日常ベースで活用されている。心がけやマナーの役割を兼ねるこのような笑いは，私たちの人付き合いにおいて，いなくなれば寂しい「側近」に違いない。

　とりわけ懇（ねんご）ろに社交に勤しむとなれば，面白くもないのに面白がる，大げさに笑ってみせる，などポーズとしての笑いを演出する必要が出てくる。一方でせっぱ詰まり，笑って逃げるしか他に，選択肢がない展開もあるだろう。

　　義理で笑う
　　取り繕って笑う
　　へりくだって笑う
　　ごまかして笑う
　　可笑しくもないのに笑う
　　大げさに肩で笑う
　　意味もなく笑う
　　お世辞笑いをする
　　笑顔を絶やさない
　　苦笑い
　　作り笑い

虚笑
目笑
微苦笑(びくしょう)

　上記以外にも，笑いは様々なグループに分けられる。例えば顔や体の部位にまつわる笑いとして，「口元に微笑を湛(たた)える」と「口の端で笑う」は，どちらも"口"で笑いながら，反対の意味を持つ。また「目を細める」と「目の奥で笑う」「腹を抱えて笑う」と「腹の中で笑う」も，同じ箇所で笑いながら，真っ向(こう)から対抗する意味になる。

　その他にも「笑えない冗談を言う」「笑おうとしても笑えない」など笑いの否定形。「笑っている場合ではない」「人の笑い者になるな」など笑いの叱咤・命令形がある。そして「笑った以上」「笑ったくせに」など，笑いが条件として使われることもある。

　いずれにしてもこれだけ色々な笑いがあるのだから，大学に「笑学部」があっても良いのではないか。そして笑いを鑽(さんぎょう)仰した人には，笑い学の博士号を授与しては如何だろうか（桂文珍［2000］66頁）。海外では既にstudy of humor（ユーモア研究）がありhumorist（ユーモアの達人，ユーモア学者）がユーモアの普及と研究に努めている。

ユーモアの起源

　ユーモアと笑いの意味が，渾然(こんぜん)と解釈されている嫌いがあるが，両者は一緒くたに語られるべきではない。なぜなら，ユーモアが心の中の心地であるのに対して，笑いは（往々にして）目に見える行為だからである。しかも「おかしい」「おもしろい」と感得されるユーモアが，「ワハハ」「ニタリ」という笑いを引き起こすことを考えれば，両者は原因と結果の関係にあるとも言える（上野［2003］22頁）。

　改めて，ユーモアの起源を探ってみよう。今から遥か昔，古代ギリシャの大医で「医学の父」として名を馳(は)せるヒポクラテス（Hippokrates, 前460頃−前375頃）は，人間が血液（blood）・粘液（phlegm）・胆汁（choler）・黒胆汁

(black bile, melancholy) なる液体から出来ているという「四体液説」を創めた。そしてこの4種の体液こそが，ユーモアの源だと述べている。

　同説によると，四体液が上手く調和している時，人は健康でいられるが，血液が多すぎると血の気が上がり，粘液過多になると無気力になる。胆汁が増えすぎると怒りっぽくなり，黒胆汁が多くなるとメランコリーになる（外山滋比古［2003］11頁）。

　ユーモアを「液体」と見なした明晰さたるや，流石はヒポクラテス様である。現代でもユーモアは，流動性と一脈通じる代わりに「堅物」とは対極のイメージを持っている（新藤謙［2003］9頁）。

　中世になると医学者は，人体に含まれる体液を一括してフモーレス（フモール，後のユーモアの複数形，ラテン語）と称した。そしてやがてこのフモーレスが，人体に活力を与える流れであり，ひいては人間の生命の精髄であると考えるようになったのである（デーケン，A.［2003］192頁）。

　次第に，ユーモアの中に，ブラック・ユーモアやドライ・ユーモアなど，新派もできた。ブラック・ユーモアは人間の死，あるいは物体化をモチーフとするユーモアであり，恐ろしいと思っている対象さえ笑いのネタにすることで，恐怖心を克服できる効果がある（森下伸也［2003］83頁）。

　一方でドライ・ユーモアは，ニコリともせずに，とぼけながら為されるユーモアである。興奮や感情を排した澄まし顔で，鋭い皮肉を放つのが特徴である（ヒベット，H.，文学と笑い研究会編［2003］95頁）。

　ちなみに日本へ，このユーモアなる言葉が上陸したのは，一体何時の頃だろう。それは井上哲次郎（哲学者，1855-1944）が，ユーモアへ「性癖（後に性向と改める）」・「滑稽」の言葉を当て，坪内逍遥（1859-1935）が「ヒューモル」（後にユーモアとして定着）と発音を付した辺り，と言われている（外山 前掲書，11頁）。もし今から新たに和訳を付けられるのなら，「妙で粋」などは如何だろうか。

ユーモアを分析する

ユーモアの領域は主に，ウイット（エスプリを含む）とジョークに分けられる。ウイットとは「叡智・機知」の意味を持ち，一つの理知的な考えが他の考えと意外な繋がりがあり，しかもそれが優雅である時に，その場で閃く機転を指す。中には冷笑・嘲笑の色彩が強いものもあり，それらはエスプリ（esprit，仏語）に近い性格を帯びる（小林章夫［2003］129頁）。

そのエスプリとは，発信者が一段高いところから相手を笑わせる設定を取る。これは，自分が一段下がって笑わせるという，ユーモア本来のあるべき姿勢から外れるパターンであり，相手の自尊心を傷つける可能性がある（遠藤［2003］130頁）。いみじくもフランスの作家であるアンドレ・モーロア（Andre Maurois, 1885-1967）は，ユーモアがイギリスの田園生活から開花したのに対し，エスプリはフランスの宮廷生活から開花した，と指摘している。*

一方ジョークとは，独創的と言うよりはむしろ，人から人へと繰り返して語られる冗談や洒落の類を指す（加瀬英明［2003］248頁）。中でも，災害や危殆的状況を扱うものはディザスター・ジョーク（安部剛「ディザスタ・ジョーク」『笑い学研究』9号，2002，149頁）。下ネタやわいせつなど，タブー域に踏み入るものはダーティ・ジョーク（北村元［2003］240頁）。そして他人の身の上に降りかかる不幸を笑うものはフィジカル・ジョークと呼ばれる。「質が悪い」からと言って，もしこれらを否定してしまえば，ジョークを語るには不均等になるだろう（同上書，62頁）。

それにしてもユーモアについて書かれた論考や随筆は，どうして良いのかわからない程たくさんある（上野［2003］9頁）。しかもそれぞれの主張が，平然と食い違っている場合がしばしばである。要するにユーモアとは，笑いもそうであったように摩訶不思議なものであるに違いない。「到底一つの定義にはまとめ切れない」と，定義するしかない。

---

* 彼発信のエスプリとして良く知られているものに「将軍たちはいつも過去の戦争を準備している」「有能な者は行動するが無能な者は講釈ばかりする」などがある（ヒベット，H., 文学と笑い研究会編［2003］58頁。河盛好蔵『エスプリとユーモア』岩波書店，1969，166頁）。

やはりポイントは「落ち」なのか

どういう原因がどういう結果を導いたかという，原因と結果の因果律（プロット）は，常に私たちの思考の上にも，会話の中にも組み立てられている（別役実［2004］83頁）。その関係を意図的に崩壊すると，価値の落差や違和感が面白みとなる。

「面白さ」が感受されるまでの経緯について，もう少し具体的な説明を費やすとしよう。例えば，大きな箱に入った贈り物をもらい，包装を解いて開けた時，期待に反して掌に乗るほどの小さなプレゼントが入っていれば，笑いが生じる（井上弘幸［2003］19頁）。また美味しい料理を紹介する番組で，コメンテーターが一口食べたその後に「ちきしょー！何だこれ？」と，怒り出せば笑いを招くだろう（阿川佐和子ほか［2004］92頁）。

これらは，奇先法と呼ばれる笑いを産み出す戦略の一種である。奇先法とは，初めから話者が故意に相手を誤った方向へ誘い，思い込ませておきながら，後でタネ明かしをする技法である。相手には驚いた瞬間「えっ。どうして？」という緊張が走るが，即座にその訳を説明されて「なあんだ」と，騙された自分に気づき呆れてしまう。同時に，張り合いを失って笑いが出る（中村明［2002］56, 60頁）。いわゆる「賺(すか)す」や「こける」と呼ばれる展開である。

この時必ず，相手の期待を上回るのではなく，期待を下回る必要がある。それが証拠に，意地悪な大臣が，魔法によってカエルに変えられてしまえば，笑いを誘導できるが，醜いアヒルの子が成長して美しい白鳥になれば，感動・羨望をそそってしまう（井上弘幸 前掲書，20頁）。あくまでも「サゲ」や「落ち」であって，「あげ」ではないところに，笑い発症のポイントがある。

「間(ま)」も，重要な「落とし」の部分である。「間」には，言葉の意味や話の内容とは関わらない，表現の仕方としての面白さがある。それは必要のないところでちょっと一息入れる，もしくはポーズをおくはずのところを詰めて話す，などの技巧を以って仕込まれる。*

いずれにしても，押しなべて私たちは，安定を退屈と感じやすいのに対し

---

* 「間を上手く取る」や「間が悪い」という表現がある（外山［2003］139頁）。

て，何かとスムースに進まない不安定な事態に，新鮮味を覚える傾向がある（柏木哲夫［2001］37頁）。そしてそのような先が読めない，緊迫した状況を，奇抜な方向転換で克服できれば，快感を味わう趣向を持つようだ。

こんなにも私たちが「アンチ」正常や「脱」日常を希求してしまうのは，どうやらDNAの仕業らしい。気がつけば，面白さを追及して止まないことは，人体のメカニズムに基づく生理であり，本能でもあるのだろう。

落語とRAKUGO

「落ち」の話が出たついでに，落語について触れておきたい。落語は，日本における古典芸能の代表格でありながら，現代でも庶民に親しまれ続けている笑いの，最たるものだと言える。

その始まりは近世の初期，大名に仕えた御伽衆（おとぎしゅう）の話芸にある（中村明［2002］124頁）。やがて小噺の語り手たちが，独自の奇席を持つようになり，更にはその席を歌い手や曲芸師などの芸人同士が共同で使うようになる中で，落語と称する名人芸が形成された（ヒベット，H., 文学と笑い研究会編［2003］25頁）。

江戸落語が座敷で発生したのに対し，上方落語は加茂の川原や神社の境内など，野外で育った。そう言えば今でも，江戸落語が上野の鈴本（すずもと）や新宿の末広亭（すえひろてい）のように室内に高座をしつらえる一方で，上方落語では行き交う客の足を止めるべく，賑（にぎ）やかな演出に余念がない。現在に受け継がれる様式の相違に，発祥の由縁が秘められている（織田正吉・野村雅昭「検証シンポジウム『小咄から落語へ』」『笑い学研究』8号，2001，124頁）。

話の運び方は，江戸と上方のどちらでも「ほぼ共通」している。どちらも生態の描写（声の抑揚・間の取り方・ジェスチャー）・くすぐり（噺の中に織り込まれるギャグ）・ストーリー性で，聞く者を一人芝居の世界へ引き込む。そして落ち（パンチ・ライン）によって爆笑を誘い出す。[*] 現代的な手法としては，落ちのない終わり方（オープン・エンディング）もある。

---

[*] 生態描写の中で，男（女）の落語家による女（男）らしいしぐさは，見せ場のひとつである（西条昇［2003］5頁）。

また落語家は，自分が苦虫を潰したような顔でしゃべることで，面白さを際立たせる手法を用いる。彼らには「面白さは自分で頂戴するのではなく，他者へ進呈する」という低い構えが貫徹されている。[*]

　海外にも"RAKUGO"という表現が浸透しつつあり，外人落語家も現れている。先方で，一人芸が通常スタンダップ・コメディ（standup comedy）と呼ばれている中で，日本の落語がシットダウン・コメディ（sitdown comedy）として人気を集めはじめているのだ（井上宏［2003］210頁）。

　従来落語は，かしこまった定式に則って演じられてきた。そのために，オリジナリティの欠乏が短所と見なされてきた（福井［2002］5頁）。しかし最近では，紙芝居落語やホラー落語など，自分で話を創作する落語家が現れ，古典落語に新作落語が加味される「お直し」が進んでいる。

　落語が，人気漫才師のコントに登場する場合もある。身近なところで例えれば，アンジャッシュの「息子と部下」は，二人が一度も主語を明確にしないためにすれ違ったまま，一方が死んだ飼い犬の，もう一方は亡くなったおじいさんの話をし続ける展開を採る（井上弘幸［2003］29頁）。しかし実は，この仕掛けは，偽者だとバレるのを恐れた俄和尚と，仏教の教義を問おうとするこんにゃく屋の勘違いを綴る「こんにゃく問答」（大阪題「餅屋問答」）から拝借している，という具合である。[**]

　観客にとっては，どちらの話も，二人のズレが何時，どのようにしてかみ合うのかと，固唾を飲んで見守るのが面白さになる。古典落語は海外の，そして現代の芸能に，大きなヒントを提供してくれている。

漫才を紐解く

　現代のお笑い芸能で最も注目を浴びている分野は，漫才であろう。その漫才

---

[*] 話の途中で，落語家が自分で笑ってしまえば，聞いている側は興ざめするだろう（外山［2003］155頁）。

[**] トルコに伝わる『ナスレディン・ホジャ』（*Nasrettin Hoja*）の物語にも，落語の「こんにゃく問答」とそっくりの話がある（森下伸也「笑いの比較文化論的研究をめざして」国際ユーモア学会［2000］35頁。井上弘幸［2003］30頁）。

の由来は，13世紀中頃，千秋萬歳(せんず)(千年万年の意味)と呼ばれていた祝福芸に，立ち帰ることができる。

当時，法師装束の下層民や逃散農民が演者となって，金持ちや地位の高い家々へ「家内安全」や「商売繁盛」の祈念をして回っていた(新藤 [2003] 258頁)。笑わせる従者である才蔵・才若(鼓で伴奏しながら滑稽なしぐさや言葉で笑いを取る)と，真面目な主役である太夫(扇を広げて舞いながら寿(ことほ)ぐ)が，今で言うボケと突っ込みの役回りと同じであった。

次第に興行性を持つようになり，昭和初年には漫才と表記が改められた。その後現代に至るまで，大衆娯楽としてのゆるぎない地位を堅持している様子は，私たちの知るところである(井上宏他 [1997] 207, 208頁)。以下，漫才に関連する語彙を幾つか，紹介しておきたい。

ボケと突っ込み 突っ込み(常識人・進行係り)がテーマやストーリーを運び，ボケ(アホ・笑わせ役)がそれを外して脱線させる(井上宏 [2003] 146頁)。ボケがアホ役ではなく，批評性の混じった狂気になっている場合もある(別役 [2004] 140頁)。

ダブル・突っ込み(ユニゾン・突っ込み) 相方のボケに突っ込むのではなく，両者がボケ役となって，世間の矛盾や滑稽に対して(観客に向かって)突っ込む(井上弘幸 [2003] 68頁)。

ネタふり ボケ役が笑いを取りやすいよう，突っ込み役がわざとピントのはずれたコメントを発する。明石家さんまは，絶妙な「ねたふり・パス」を出すミッド・フィールダー型芸人として知られている(上条晴夫編 [2000] 82頁)。

アンチ・クライマックス 日本風の「さげ」に当たる。ここぞという所であっけない極普通のことをして，そのひっくり返りでおかしさを出す(外山 [2003] 158頁)。

コント芸 台本がしっかりと練られていて，ひたすらそれを「演じる」ことで笑いを取る。演者が台本から外れて，自らの素(す)を露(あら)わにしたりアドリブを入れることはない。*

シチュエーション・コント 結婚式のスピーチや迷子係りの対応など，ある程度定型化された設定・状況(シチュエーション)の中で小劇を行う(井上弘幸

---

* 漫才の場合は，台本が用意されるものの，演者がその場の雰囲気で，素顔を覗(のぞ)かせたり即興することができる(井上宏 [2003] 137頁)。

［2003］68頁)。青木さやかや友近が得意とする様式で，ピン芸人でもできる。*

シチュエーション・コメディ　人間関係やドラマにおける「設定の意外性」で笑いを誘う。さえない小男と美しい女の間に芽生える愛や，ごつい男の女装などが定番である（形の文化会編［2004］140頁)。

スラップスティック・コメディ　即物的・原初的な笑いを誘うドタバタ喜劇。slapstick（スラップスティック）の本来の意味は「叩く・突く」だが，叩き合い・おっかけ・同じ動作の繰り返し・パイの投げ合い・舞台上での転倒など，派手なアクションを総じて指す。日本で言うアチャラカ（劇）に近い。

ボードビル（vaudeville，フランス語)　歌・踊り・寸劇などを組み合わせた娯楽演芸・笑芸全般を指す。

笑いで「刺す」

笑いの中に，風刺（サチール）と呼ばれる種類がある。風刺は，他者のみならず自己をも含めた人間と，ひいては社会への批判精神に富む正義や正直の表現であり，相手が弱者であれ強者であれ，その無様やいかさまをからかう皮肉（サタイア）（もしくはアイロニー）とは，根本的に異なる（同上書，67頁)。また風刺は攻撃を意図するものの，意地悪を意味するものではない。少し詳しく見てみよう。

「刺す」の文字通り，風刺は鋭い切れが持ち味となる。そして刺す者の根底に，道徳観が存在していることが前提となる。

また上位者から下位者へ向けられる笑いであれば，遠まわしや薄皮を被（かぶ）せなくても済むが，相手と正面を切って渡り合えない「下」から「上」へ向けて放たれる笑いには，工夫や加工が必要になる。それらが風刺の妙技となる（新藤［2003］3頁)。

「世の中がどうあるべきか」の公序（こうじょ）をわきまえ，義侠（ぎきょう）心を持つ者が発信する風刺の矢だけが，聞く（見る・読む）者の賛同（即ち笑い）を得て，社会の敵（毒）に届く（井上宏［2003］155頁)。そのお蔭で，社会が浄化される，とまでは言いかねるが，風刺は社会になくてはならない笑いである，とは言えるだろう。

＊　ピン芸人は，一人の役者を照らす時に使う「ピン・ライト」に由来する。

一般の人々にとって，甘やかされた強権や威張り腐る強者が笑いのめされる有様は，精神的にも，生理的にも溜飲(りゅういん)が下がる快事である（新藤［2003］4頁）。風刺はまるで，頼もしい護身術であると同時に，攻撃に出る際の武器にもなる。

金(くらい)や位にものを言わせる戦(いくさ)には太刀(たち)打ちできなくとも，ユーモア戦では負けてなるものか。一般人よ，社会の邪(よこしま)へは風刺で奇襲せよ。

パロディの両義性

笑いは，武器にもなるが，楽器にもなる。武器である笑いを用いると，経済・文化批評など世相への警鐘を鳴らすことができる（微笑みであれば，防御の武器になる；碇朋子「テレビ広告に対する受け手の反応における笑いの文化の地域性の検討」『笑い学研究』10号，2003，77頁）。楽器である笑いを用いれば，人人を余興へと誘(いざな)える（楽器である以上，悲しみや怒りの旋律も奏でられる；桂米朝・筒井康隆［2003］146頁）。

このように笑いとは，両義的な意味合いを持つ。中でも際立って両義性に優れる笑いは，パロディであろう。

その典型としてパロディは，原作に対して，風刺の姿勢を持ちながら敬意の態度を取る（土井淑平［2002］11頁）。技法としては，良く知られた作品（の表現や文体）を模倣しつつ，それに道化を加えた改作を施(ほどこ)す。通常，もじり詩文・戯文・ざれ歌・もどきなどの訳語が当てられている。

そもそもパロとは，「反対」「逆」の意のほかに「の傍(かたわ)らに」の意を持ち，語源からして意味分裂を来たしている。「反歌」を意味するギリシャ語のパロディアにも由来している。

日本におけるパロディの足跡は，『万葉集』の本歌取りに辿ることができる。本歌取りとは，オリジナルの和歌の一部にアレンジを加えて表現の重層化をはかるものであり，正しくパロディに匹敵する（同上書，195頁）。『新古今和歌集』が編纂された一頃には，流行ともなっていたようだ。

狂歌（鎌倉から江戸時代頃まで）や落首（鎌倉から明治維新頃まで）と呼ばれ

る，ざれ歌作りや落書きも日本が誇るパロディである。また俳句に対する川柳・俳諧，そして能に対する狂言，漢詩に対する狂詩も，それぞれパロディと呼んで差し支えないだろう（ヒベット, H., 文学と笑い研究会編［2003］14頁）。

またパロディが，原本となるテキストの「変形」であり，主に誇張を強調するのにひきかえ，パスティーシュ（pastiche，フランス語）と呼ばれる，専ら「模倣」に従事し照応を強調する技法もある（土井［2002］196頁）。パスティーシュは日本語に言い換えると，偽作や物真似に当たる。*

パロディやパスティーシュは「元ネタに変形や模倣を施して作り出す，諧謔であって芸術ではない」と，低い評価を下される時がある。しかし一方で，両者こそが「透徹した遊戯と批判精神の所産である」と，高く評価される場合もある（ヒベット, H., 文学と笑い研究会編 前掲書，355頁）。

そこで『プラトンと資本主義』（関曠野，1996，北斗出版）から，少し引用しておきたい。関氏によると「進化」は「種のパロディ」の歴史に他ならず，詰まるところ「人類とはサル類の色々問題の多いパロディ」とのことである。

なるほど，生物学や遺伝学の立場から鑑みても，生物の成長および進化はパロディに次ぐパロディの結果である（土井 前掲書，202頁）。もし私たちが「過去のパロディの産物として今在る」と考えるならば，パロディの存在を軽んじるなぞ，もっての外であろう。

5と7で穿つ（柏木［2001］9頁）

日本で笑いは，5と7の韻律と上手くコラボレートした果報で，時代と時代の狭間をも生き延びて，現代へと受け継がれてきた。このことは他国に類例のない特徴であり，是非とも5と7の力量について紹介しておくべきだろう。

先ほど和歌が本歌取り（パロディ化）されていた，と述べた。次に，阿倍仲麻呂（698-770）の歌と「読み人知らず」によるそのパロディを挙げておく。名乗りを上げない無著名な庶民の心が5・7・5・7・7の巧みに込められている。

---

* 猿の真似を見て笑えるためには，猿を知る必要があるのと同様に，パロディやパスティーシュを受け止めるためには，オリジナル（元ネタ）を知る必要がある（森下［2003］137頁）。

阿倍仲麻呂：天の原　ふりさけ見れば　春日なる　三笠の山に　い出し月かも
　　　　　　（現代訳：天を仰いで遥かを眺めれば、月が輝いている。あの月は私の故郷、奈良の春日にある三笠山にかかる月と、同じものなのだなあ。）
読み人知らず：天野酒(あまのさけ)　振りさけ見れば　粕(かす)がある　三蓋(みかさ)も飲まば　やがてつきなん
　　　　　　（現代訳：銘酒の天野酒を頂いた人が詠んだ。銘酒にしては粕がある。しかも三杯で終わってしまう量の少なさである。）（外山［2003］196頁）

　江戸も後期になる頃には、都都逸（7・7・7・5）が生み出された。都都逸は、名古屋の熱田（当時の神戸町(かうどちやう)）で生まれた俗曲「神戸節(ごうどぶし)」が発端、と言われている。そして都都逸坊扇歌（1804-1852）が囃子言葉の「そいつはどいつじゃ、どいつじゃ、ドドイツドイドイ、浮世はサクサク」をつけて歌い伝えるうちに、囃子言葉が折々「どどいつ、どいどい」となって、江戸でも流行り始めたようである。*

　都都逸の中には「熱い熱いと言われた仲も三月せぬ内に秋（飽き）が来る」や「信州信濃の新そばよりもわたしゃお前の傍（蕎麦）が良い」など、駄洒落に拘(こだわ)ったものがある。かと思えば「恋に焦がれて鳴く蝉よりも鳴かぬ蛍が身を焦がす」や「嫌なお方の親切よりも好いたお方の無理がいい」など、ウイットを効かせた風もある。**

　また当時、都都逸に同伴する形で、川柳も巷間の人気を博すようになった。川柳とは、四季を現す季語に捕われない5・7・5の音数律（17文字）で、そこには人生の万感がくすぐり程度の笑いに摩り替えられている（井上宏［2003］157頁）。庶民の批判精神を微かな面白さとして穿(かつ)つのが、その心意気である（外山　前掲書、208頁）。

　人生に付き物の表と裏を、嫌という程見てきたシニアの慧眼を以ってすれば、川柳は得意中の得意分野というべきだろう。近年編集されている「シニア

＊　一部では、5・7・7・7・5の形式もある（太鼓持あらい［2004］4頁）。
＊＊　元々は恋の歌が多かったが、今では時事ネタも増えている（http://www6.plala.or.jp/ultimate/downpage8.htm）。

川柳」や「シルバー川柳」には，さしものシニアのユーモアが炸裂し，彼らならではの「川柳する」辣腕ぶりが読者を微笑ませている（隠岐和之「現代川柳が語る人の生老病死」『笑い学研究』8号，2001，24頁）。

「老いの旅三日出かけて五日寝る」（橋口正信）

「わがボケに気づく程度でいたいボケ」（安永倉市）

「立った訳座り直して考える」（金丸国男）

第6課：笑い学と人文学(ヒューマニティ)

イエスは一度も笑わなかった：神学的考察

　日本における状況は，ひとまずこの辺りで切り上げて，海外で笑いがどのようなルーツを辿って発展したかについて覗いてみよう。神学に，笑いの謎を解く一つの鍵がある。

　福音書を読めばわかるように，全てのキリスト教徒にとっての手本であるイエスは，この世で生きている間に一度も笑わなかったそうである。キリスト教にせよ，ユダヤ教にせよ，完璧であり自足する神は，全ての行いを見通すことができる。自己観照(かんしょう)できる神にとって，笑いの隙(すき)が割り込む欠陥などなかったのだろう（ヴェルドン，J. 著／池上俊一監訳［2002］17，297頁）。

　実際に，4世紀から10世紀までの修道院で，笑いは抑圧されていた（同上書，11頁）。中でも，修道者の生き方や修道生活の送り方に関して，最初の戒律を作ったと言われる聖ベネディクト（St. Benedict of Nursia，イタリアのノルチア生まれ，480頃-547）は，厳しく笑いを禁止した。

　彼は著書『聖ベネデイクトの戒律』（古田暁訳，すえもりブックス，2001，37頁）の中で，旧約聖書「シラの書」（21章20節）にある「愚か者は声をあげて笑う」を引用して，沈黙と祈りをモットーとする修道院で「饒舌を愛さないこと。無駄口あるいは笑いを誘う言葉を口にしないこと。大声で笑いに興じないこと」と定めている。笑いを無駄口と同じランクで忌(い)み，よってそれを取り締まろうとした様子が窺える（形の文化会編［2004］26頁）。万が一にも，笑って

しまった修道僧には，断食・鞭打ち・破門などの罰則が課せられていた，との伝がある（森下［2003］6頁）。

なるほど全能なる神であれば，本当に笑いなど必要ないのかもしれない。しかし神ならぬ私たちであれば，いくら繕(つくろ)っても完全な存在に成れる由(よし)がない。不恰好で無様な生身の人間である以上，その失態の数々をどうして笑わずにいられようか。

しかも実は，神を語る世界にも，笑いを禁じる「建前」と，そうではない「本音」があったことが自明となっている。中世ヨーロッパの大司教や王侯貴族の宮殿には，たいてい道化師が置かれており，お抱えの道化師を持てることは，彼らの間で一種のステータスとさえなっていたのである。＊

当時の道化師の中には，知的障害者・小人など，不具者が少なからずいた（同上書，117頁）。身体の障害はしばしば，障害を負っている当人やその人の祖先が罪を犯した結果であると，罪と不具とが結び付けられていた中世において，お偉い人々は恥ずかしげもなく，彼らを笑いものにしていた（ヴェルドン，J. 著／池上俊一監訳［2002］11頁）。

自らの醜(みにく)やかのお蔭で，職を得られた道化師は，芸人として認められる次元とはほど遠いところで，真剣に右往左往しつつ四苦八苦する有様を興じられていた。テレビのない時代の退屈な夜長に，主人の催す祝宴の席で見事な酒肴(しゅこう)となってみせるのが，せめてもの生きている証であると，己(おのれ)に言い聞かせるかのように（同上書，109頁）。

自身の悲しみを封じ込めて，他者を笑わせる道化師(ピエロ)。彼らの頬に描かれた涙には，悲しい過去が秘められている。

プラトンからデカルトまで：哲学的考察

神学のみならず哲学の分野においても，西洋で笑いは，なかなか歓迎される

＊ 古代ギリシャの文献に，宮廷や財産家に招かれて参上し，職業として楽しませる技をもった芸能人（道化）がいたとの記述がある。彼らを世界初の「笑わせのプロ」と考えてよいだろう（森下［2003］116頁）。

に至らなかった。古代ギリシャのプラトン（前428頃-347）が，笑いに対して酷(ひど)く辛辣な意見を持っていたことを知る人は多いだろう。

彼が記したとされる『ピレボス』『国家』『法律』には，笑いはいわば他人の不幸を見て愉快がる不道徳な行為であり，（場合によっては）そうする人を国外に追放すべきとの見解が示されている（森下［2003］2頁）。笑いを殆(ほとん)どいつでも，嘲笑と同一視していたのである。

プラトンの弟子であったアリストテレス（Aristoteles，前384-322）は，笑いに対して，先生よりは寛容な姿勢を示した。彼は，節度をもって冗談を言える者は「巧言(エウトラペリア)」と呼ばれる徳を実践していると考え，『ニコマコス倫理学』の中に，慎みをもって行うのであれば人は陽気に会話を楽しんで構わない，との意見を記している（ヴェルドン，J. 著／池上俊一監訳［2002］16頁）。

そのアリストテレスは『動物部分論』では「人間だけが笑う動物である」と述べ，『詩学』ではギリシャ喜劇の起源を，改めて紐(ひも)解いた。さらに『弁論術』の中で，意外性の衝撃が笑いを生じさせるレトリックを，諺やなぞかけを素材として分析した。「万学の祖」と呼ばれる彼は，もれなく「笑い学の祖」でもあったのだ（森下 前掲書，4頁）。

やがてヨーロッパがキリスト教化されるとともに，「笑いの文化」はそれを敵視する「空白の時代」へと突入する。笑いにとっての「至高の時代」と呼ばれるルネッサンス期へ辿り着いたのは，それから千年以上を費やした後であった（同上書，6頁）。

晴れて迎えたルネッサンス期には，『痴愚神礼賛』のエラスムス（Desiderius Erasmus，オランダ，1466-1536），『ニュルンベルクのマイスタージンガー』のザックス（Hans Sachs，ドイツ，1494-1576），『ガルガンチュアとパンタグリュエールの物語』のラブレー（Francois Rabelais，フランス，1494-1553），『ドン・キホーテ』のセルバンテス（Miguel de Cervantes Saavedra，スペイン，1547-1616），そして数多くの作品の中に愉快な人物を造形したシェイクスピア（William Shakespeare，イギリス，1564-1616）など，今にして笑いの文化史にその名を刻む巨匠が続々と現れた。封印されてきた笑いは，天才たちの奔放な創

造力によって，見事に解き放たれたのである（森下［2003］7頁）。

17世紀になると，『情念論』の中でデカルト（Rene Descartes，フランス，1596-1650）が，「笑いは身体活動の一つ」であるメカニズムを看破した（同上書，10頁）。今から振り返れば，当時の彼がすでに，笑いを通じて「心身が一如である」という画期的な命題を唱えていたことになる。*

カントからベルグソンまで

18世紀に入り，啓蒙主義が迎え入れられるに従って，笑いは好意的に語られるようになった。次第にそれは，人間性の自然な発露として，哲学の敷居を跨ぎ出て，医学や美学という新しいジャンルへも接続されるようになった。

哲学の領域で語られていた笑いを，真っ先に医学へ結びつけたのはカント（Immanuel Kant，ドイツ，1724-1804）であろう。彼は「笑いは健康に良い」と『判断力批判』で述べている。一方でヘーゲル（Georg Wilhelm Friedrich Hegel，1770-1831）は『美学』の中で「自己自身からの自由で晴れやかな超脱」と，笑いを美学に関連づけて賛辞した（同上書，12，15頁）。

19世紀の中頃には，笑いが益々様々に語られるようになった。まずはショーペンハウエル（Arthur Schopenhauer，ドイツ，1788-1860）が，笑いの「不調和の理論」を唱えた。それとは大まかに「ある人が考えている概念（期待）とその実在（現実）とに突然の不一致が認められる時に，笑いが起こる。しかも両者間の不適合・不調和の程度が著しくずれた時ほど，滑稽感が増す」という主張であった。**

程なくして，ニーチェ（Friedrich Wilhelm Nietzsche，ドイツ，1844-1900）が，「人間だけが生きる苦しみを知っている動物であるから，笑いを発明した」「一つの笑いも生まない真理は，全てニセの心理である」と論じた（北畑英樹「太

---

* 日本でも，越前黒田藩の儒学者であった貝原益軒（1630-1714）が『養生訓』（1713年）の中に「心は体の主人なり」という言葉を繰り返し認めている（吉野槇一［2003］20頁）。
** 中村明［2002］22頁。斎藤忍随・笹谷満・山崎庸祐・加藤尚武訳『意志の表象としての世界』「ショウペンハウアー全集」第2巻（Arthur Schopenhauer, Die Welt als Wille und Voretellung, 1819, 2. Aufl., 2 Bde., 1844, Erster Band）白水社，134頁。

く, 長く, 笑って, コテッ」『笑い学研究』7号, 2000, 59頁)。「思想史上の巨人」と呼ばれる彼は, パロディ・アイロニー・メタファーなど, 笑いに直結するレトリック (修辞) を得意とし, 自らも活用してみせていた。彼の代表作のひとつである『ツァラトゥストラはかく語りき』を読むにつけても, 彼の思想の中で笑いが核心的な位置を占めていたことが推測できる (森下 [2003] 18頁)。

19世紀の後半, 時代は遂にベルグソン (Henri Bergson, フランス, 1859-1941) の主張を迎え入れた。「滑稽とは唯一人間的なものであり, 笑いはその滑稽に対する社会的懲罰である」と述べた彼は, 今日自分が「現代ユーモア学の開祖」と呼ばれている名誉を享受しているに違いない (土井 [2002] 180頁)。彼が書き残した『笑い』(Le Rire, 1900. 林達夫訳, 岩波書店) は, 笑いが俎上に乗せられる際に, 必ずと言ってよいほど, 引き合いに出される「笑い学」の原典となっている (森下 前掲書, 21頁)。

ユーモアは言葉の華：言語学的考察

ユーモアは言葉のあやであり, また言葉の華でもある (外山 [2003] 189頁)。ユーモアがないからといって人と話ができない訳ではないが, あれば会話に笑顔の花が咲く。

そのユーモアを, より言語学的に定義するならば「各種の言語操作とレトリックのあり方が作り出した滑稽」と言える。したがってユーモアを, 無頓着にではなく, 果敢に操るためには, 洗練された技術と感性が要求されるであろう (新藤 [2003] 12頁)。以下に幾つか, ユーモアを生み出す方法について, 箇条書きで紹介しておく。

擬人法・擬物法：比喩の中でも, 山が笑う (花が咲き, 緑が萌えるの意), 海が招くなど, 人間ではないものを人間並みに扱う技法を擬人法と言う。逆に「親父狩り」のように, 人間を人間以外に扱う技法を擬物法と言う。落語に出てくる台詞で「お前なんぞ女房って程のもんじゃあねえや。シャツの4つ目のボタンみてえなもんだ」とあるが, これは擬物法を用いて面白みを出した表現である (中村明 [2002] 55, 82頁)。

撞着語法（矛盾語法）：両立しえない意味の語句を，偶さかに隣り合わせに配置することで刺激的に物を言おうとする語法（中村明［2002］95頁）。諺の「急がば回れ」や「残り物には福がある」には，この効果が用いられている。知らんふりをして聞き耳をたてる，おもむろに急ぐ，精一杯さりげなく，静かなる闘志，など一般的レベルでも活用が進んでいる。

過大誇張法・過小誇張法：「一日千秋」「白髪三千丈」など，事実に対する認識を拡大する表現を過大誇張法と言う。一方，「蚊の泣くような声」「猫の額ほどの土地」など，縮小する表現は過小誇張法と呼ばれる（http://www.geocities.jp/balloon.rhetoric/soline.html）。

漸降法・漸層法：漸降法は次第に勢いが衰えるように配列する技術である。さだまさしの「関白宣言」の歌詞にある「俺は浮気はしない。多分しないと思う。しないんじゃないかな。まあちょっと覚悟はしておけ」がこれに当たる。反対に，徐々に強めながら最高潮へ達するように配列する技術を漸層法と言う（同上書，61頁）。

類似表現・対照表現：類似表現とは，物真似や声帯模写など，全く別の者・物の中にある，以外とも思える類推を導き出すこと（葛西文夫「おかしさはこうして生まれる」『笑い学研究』10号，2003，34頁）。対照表現とは「女性の魅力」を「食品の賞味期限」に喩えるなど，故意に思いがけない者・物を結びつけてコントラストを際立たせること（同上書，33頁）。

ひねり・もじり・曲げ：諺や音節の一部を捻って面白みを出す表現。「老婆は一日にしてならず」は，ある講演会で樋口恵子女史が発した秀作である。TV or not TV:that is the question.（テレビは是か非か，それが問題だ）も，『ハムレット』（シェイクスピア作）に出てくる To be, or not to be:that is the question.（生きるべきか死ぬべきかそれが問題だ）のひねりとして，インパクト大である（外山［2003］32，33頁）。

古歌に詠まれたユーモア

古歌の中にも，言語的技法を駆使したユーモアが盛り込まれている。それら

は実に巧妙に，即ち敢えて控えめに使われている。少し鑑賞してみよう。

まず『古今和歌集』（905年頃完成，勅撰和歌集の始まり）では「物の名」および「隠し題」と呼ばれる一種の言葉遊びが興じられている。例えば「い<u>ささめ</u>に　時<u>待つ</u>間にぞ　<u>日</u>は経ぬる　心<u>ばせをば</u>　人に見えつつ」[*]（巻10）の一首には，好きな人のことを思いながら時間が経っていく無情を詠いながら，さりげなく四つの物の名が隠されている。

ちなみに隠されているのは笹・松・枇杷（ひわ）・芭蕉葉（ばせをは）であり，植物に揃(そろ)えたところが力作である（桂文珍[2000] 144頁）。これに因(ちな)んで，現代版を考案してみると「リストラ（リス・寅）に　なったトラウマ（寅・馬）いつの日か　忘れてみせる　ボケの力で」（動物が3種），などができる（澤口[2002] 43頁）。

『栄花物語』（1092年完成，40巻の歴史物語）には「沓冠(くつかぶり)」と呼ばれる技巧が使われている。こちらは，各句の始めの文字（冠）と終わりにある末尾の語（沓）を一音ずつ読み込んだ部分に，もう一つの歌の意味を忍ばせる言葉遊びである。実例に即して紹介しよう。

「月の宴」にある「<u>逢(あ)</u>ふ坂<u>も</u>　<u>果(は)</u>ては行(ゆ)き来(き)<u>の</u>　<u>関(せき)</u>も出(い)<u>ず</u>　<u>訪(た)</u>ねてとひ<u>来(き)</u>　<u>来(き)</u>なば帰(か)<u>さ(へ)</u>じ」は「今では何の障害もなくなったので，どうか尋ねて来て欲しい」という意味の歌である。そして隠されているメッセージは「<u>合(あ)</u>わせ薫(た)き<u>物(もの)</u>少し」（香料数種を練り合わせて作ったお香を少し望んでいる）となる（桂　前掲書，147頁）。

万葉集の頃に始まり，平安時代に盛んになった短連歌にも，ユーモアが満載されている。これは5・7・5・7・7の31音節からなる和歌を，5・7・5の「上の句」と7・7の「下の句」に分けて，二人で合作する形式に則(のっと)る。『金葉和歌集』（1127年完）に撰られている短連歌を，ひとつ紹介しておこう。

　　上の句「ちはやぶるかみをば足に巻くものか」
　　下の句「これをぞ下の社とはいふ」

---

[*] 現代風にすると「この長い間，かりそめにその時を待っている間に日が経ってしまった。私の気持ちを，あの人に度々見えるようにしていながらも」になる。

某(それがし)は、和泉式部が下鴨神社に参詣した時、わらじに足を噛まれて痛むので紙（神の掛け言葉）を巻いた様子を見ていた神主が、上の句を披露。受けて式部が「下の社（下鴨神社）だから神（紙）を下に祭ったのです」と、下の句を返上した歌である（織田正吉・野村雅昭「検証シンポジウム『小咄から落語へ』」『笑い学研究』8号，2001，121頁）。今時の、オヤジギャグにも聞こえる、と言ったら不謹慎だろうか。

　二人で詠(うた)う短連歌に対して、数名がリレー式に句をつけ合って詠う場合は連句と呼ばれる。そして実は、連句を平俗にしたものが、現代における座談会であると言われている。

　座談会では、海外から入って来たsymposium(シンポジウム)とは異なり、話の視点が四方八方に離散できる。そのためにズレや意外性を含む自由な着想を誘致できる（外山［2003］204頁）。表面上は穏やかに、しかし内面的には厳しく、巧言の才を競い合う文化が、予(か)ねてより日本にあったことに驚き、そして感服する次第である。

諸国の諺と小噺：外語学的考察

　どの国においても諺は、庶民哲学の結晶である。しかもそれらには、思想の急所を押さえつつ、巧みなユーモアが凝縮されているものが多い。[*]

　流石は庶民の哲学とあって、酷似した意味を成す諺を、世界の国々で探すことができる。一例として、日本で「となりの花は赤い」は、アメリカでは「塀の向こう側の芝生は何時も青い」(The grass is always greener on the other side of the fence.)になる。ブラジルでは「となりの鶏の産む卵は大きい」、ポーランドでは「隣の畑の穀物はよく育つ」と表現されている（同上書，219頁）。

　また日本で「船頭多くして船山登る」は、アメリカでは「料理人が多すぎるとスープが出来損なう」(Too many cooks spoil the broth.)。ロシアでは「産婆が三人、子供の頭は曲がる」、エジプトでは「二人船長のいる船は沈む」と言

---

[*] A proverb is the wisdom of many, the wit of one（一人の機知によって生まれた諺は万人の知恵である、の意）など、諺とは何であるかを説明する諺も作られている（村松増美［2004］102頁）。

われている（外山［2003］220頁）。

　国々に伝わる小噺の中にも，瓜二つのユーモアがある。俗には，次のような展開になる。

　　日本語版：屋台でタコ焼きを食べたところタコの入っていないものがあったので，作ってくれたお兄さんに文句を言った。すると「なんなら聞くけど，メロンパンにメロンが入ってるか。キリンビールにキリンが入っているか。カッパエビセンにカッパは入っていないだろ」と返答された（昇幹夫［2000］67頁）。

　　英　語　版：customer: There's no turkey in this turkey pie！
　　　　　　　　（客：この七面鳥パイの中には七面鳥が入っていません！）
　　　　　　　　waiter : So what！You don't get a dog in dog food, do you？（丸山［2002］44頁）
　　　　　　　　（ウェーター：だからなんだと言うんです。ドックフードにだって，犬は入っていないでしょう？）

回　文と交差対句法
（パリンドローム　カイアズマス）

　ところで "Madam, I'm Adam." にどのような仕掛があるか，一見して気が付く人はどれ位いるだろうか。これは英語でpalindrome，日本語では回文と呼ばれる逆様（さかさま）の技法である。

　英語におけるパリンドロームは，前から読んでも後ろから読んでも同じ綴り（スペル）になる。また "oillio"（日清オイリオ株式会社，製油関連事業）のように，（視覚的）左右対称性を取り入れる場合もある。日本語であれば，「上から読んでも下から読んでも山本山」（株式会社山本山，海苔・日本茶関連事業）など，漢字を単位にすることができる。

　回文は昔から伝わる言葉遊びのひとつで「キツツキ」「竹やぶ焼けた」「新聞紙」「この子何処の子」などは，誰もが知る定番であろう。近年，ブーム再来の兆しがあり，例えばフジモトマサル氏（自称「回文作家」）が，全て回文で構成した『ダンスがすんだ』（新潮社，2004年）の中には「旦那がなんだ」「しがない流し」「まさかイカサマ？」「泣くな泣くな」「歌唄う」など，数々の新作

が披露されている（フジモト［2004］頁数なし）。

また『ジャパン・タイムズ』紙は，2002年2月20日20時2分（20：02　02・20, 2002）に，世界に点在する自称「回文ニスト」らが団結したニュースを報じた。彼らは「千年に一度来るか来ないかの回文的瞬間」として，その時一斉に世界平和を願ったとのことである（小林薫［2003］90頁）。

回文ファミリーの一員と呼べる修辞として，chiasmus（カイアズマス）（交差対句法・交錯配列法）がある。恐らく世界的に最も広く知られているカイアズマスは，J. F. Kennedyが大統領就任演説で発した対句であろう。説教臭くなく慎重なメッセージを伝えたい，しかも聞き手の記憶に留めたい。そのための見事な裏技となっている。

　　Ask not what your country can do for you, ask what you can do for your country.（国が国民のために何をしてくれるかではなく，国民が国のために何ができるかを自問して欲しい；Grothe, M.［2002］p. ix.）

生き延びた笑い話：歴史学的考察

19世紀半ばまで日本の政治を牛耳ってきた武家社会は，儒教の教えである仁義礼智信を 尊(たっと) びとした。言ってみれば，その御禁制が理想としたものは，滑らかな並列関係とは程遠い，厳しい序列関係であった。

武家社会を持ち出すまでもなく，遥かなる 古(いにしえ) の時代より日本には，遊びを罪のように扱う農本主義の存在があった。密(やぶさ) かに人々の精神に取り付いて離れなかった，何彼(なにか) につけ勤勉倹約な観念は，ルネッサンス期以降のヨーロッパで発達した「日常と社交を愉しむ文化」とは，まるで正反対の性質を帯びるものであった（新藤［2003］18，20頁）。

その道理であろうか，かつてのわが国では，苦虫を噛(か) み潰(つぶ) したような人相が，（特に男性の場合）「苦みばしったいい男」と好評を博していた。色男は時代の長物であるとはいえ，もし彼らが，笑顔を振りまいて止まない今時のイケメンを見たら，末世の浅ましさを概嘆(がいたん) するに違いない（同上書，19頁）。

このように表面上は， 蔑(ないがしろ) にされていたかに見えた笑いであったが，それが

人々の生活から途絶えたことは，ついぞなかった。反りて笑いは，時代の流れに乗じて上手く形を変えて人々の暮らしに密着しながら，しっかりと根を張ってきたのである（東畠敏明「『笑い学』について」『笑い研究』1号，1994，18頁）。

とりわけ江戸時代には，大衆文芸の世界で笑いが可憐に開花していた。芝居小屋では，恰もシェイクスピアを偲ばせるような歌舞伎が演じられていた。* 江戸で最大の規模を誇った遊郭「吉原」でも，そこに集まった才人（芸術家・伊達者・富者）によって，エロスの域には納まり切らない，可笑しくも艶やかな人間ドラマが繰り広げられていた（ハワード, H., 文学と笑い研究会編［2003］13頁）。

江戸時代は，滑稽小噺の全盛期とも重なる。商人や職人のみならず，めったに笑うべきではなかったはずの武士さえ，それらを語り，そして書きもした。結果として，1千冊に及ぶいわゆる江戸小噺（本）が出版されたが，一つの時代にこれだけ多くのジョーク集が出回った歴史を持つ国は，極めてめずらしい（同上書，7頁。井上宏他［1997］219頁）。

中でも傑作と呼べるのは，安楽庵策伝（京都誓願寺の塔中，1554-1642）が，小僧の時から集めていた笑い話を書きまとめた『醒睡笑』（笑いで眠りを覚ます，の意味）である。1628年の完成で，活字に刷られた笑話集としては日本最古と言われている。**

19世紀に入って，笑い話の栄華はいよいよクライマックスを迎えた。特に十返舎一九（1765-1831）の書いた『東海道中膝栗毛』は，未曾有の売上げを記録。*** ユーモア作家が，ベストセラー作家になれたケースは未だ珍しいが，彼こそはその「はしり」と呼べるだろう。

それにしても，面白い話は「分割するほどに倍増する」。これは世の中で，

---

* 18世紀半ば，幕府が儒学に基づく支配の道徳を敷こうと試みたところ却って，解りやすく読みやすい笑い話集やエロチック小説などが，中国から数多渡来した（ハワード, H., 文学と笑い研究会編［2003］16頁）。
** 1623年完成の説もある（織田正吉・野村雅昭「検証シンポジウム『小咄から落語へ』」『笑い学研究』8号，2001，123頁）。
*** 式亭三馬の『浮世風呂』も，滑稽本として名高い（ハワード, H., 文学と笑い研究会編［2003］21頁）。

稀にしか巡り合わせのないギブ&テイクの関係であり、いつの時代にも笑い話が死に絶えることなく、縷々伝播されては生き誇ってきた理由ともなっている。

文学の中のユーモア：文学的考察

　年代ものの書の中で、ユーモアに出会えることがある。まず『古事記』(712年完成)には、「笑いの神話」と称される「天の岩屋戸」が描かれている。
　そのストーリーを大まかに紹介すると：「素戔嗚尊の乱暴な振る舞いに怒りを感じた、"日"の神である天照大神が、天の岩戸に閉じこもってしまった。困った八百万の神は、岩戸の前でお祭りを催すが、その時、天宇受売命が胸も露にストリップまがいの踊りを披露した。それを見た神々が笑いさんざめいたので、閉じこもっていた天照大神も関心を示した。」要するに笑いが、日の神の関心を引き、この世に"光"を呼び戻すきっかけとなったという話である（井上宏他 [1997] 74頁)。
　12世紀前半に成立した今昔物語集にも、笑い話がある。一例として「をこなる男の話」の概略は、こうである：「愚かな男が、ある女性を好きになったが相手にされず、諦める方法としてその女の排泄物を眺めることを思いつく」（この辺りは、今風で言うストーカー行為に紛う)。「ところが女は、男の考えを先読みして、排泄物を入れる箱に薯をすりつぶして糞の形にしたものを入れておく。この箱をあけた男が排泄物だと思って食べてみると、美味しい」（この辺りは、現代であれば治療の必要性が仄めかされる)。「男は余計に女に惚れ込んで、狂い死にしてしまう」（桂文珍 [2000] 214頁)。悲劇的事件かと思いきや、喜劇に仕上げているところに、作者の手腕が凝らされている。
　驚くなかれ、『竹取物語』にも、ユーモアが仕組まれている。と言うよりは、子どもにも人気のこの民話こそが「駄洒落のルーツ」と呼ばれるに相応しい作品である。何しろ「貝だと思ったのに糞とは、なんと貝（甲斐）がない」や、「恥（鉢）を捨てる」から転じた「捨て鉢になる」などの表現は、この物語から発祥したほどである（同上書, 220, 222頁)。
　近代文学にも、ユーモアは健在している。「ユーモア」の名付け親である坪

内逍遥（1859-1935）や，「くたばってしまえ」から名を取った二葉亭四迷（1864-1909）が競合したかと思う間に，「ユーモア作家」と紹介されても憤慨しないであろう夏目漱石（1867-1916）が登場した（中村明［2002］29頁）。落語家の語り口を連想させるスタイルで綴られた『吾輩は猫である』や，しみじみとしたペーソスを醸（かも）しながらも諧謔性に富む『坊ちゃん』は，彼の代表的なユーモア作品である（外山［2003］149頁）。

破滅型作家として知られる太宰治（1909-1948）とても，作品の中にユーモアを忍ばせていた。雑誌連載中に戦争未亡人と心中し，劇的な死を遂げた彼であったが，例えば『人間失格』にさえ，老女中がカルモチンと間違えてヘノモチンという下剤を買ってきたため主人公が猛烈な下痢に煩悶（はんもん）するなど，いわば泣き笑いの文体を作りあげていた（ハワード，H., 文学と笑い研究会編［2003］339, 355頁。臼井吉見「太宰治論」奥野健男編［1975］104頁）。

現代文学に至っては，面白い話があちこちに溢（あふ）れ，誰が何という作品の中でどういう名文（迷文）を書いているかなど，いちいち紹介できるべくもない。ユーモア文学の宴も酣（たけなわ），というところである。

喜劇という悲劇：演劇学的考察

文学から芸術へと，話の駒を進めよう。特に芸術とユーモアの合作と言える喜劇について触れてみたい。その由緒は，古代ギリシャにまで遡（さかのぼ）る。

笑いに対して，一定の理解を示していたはずのアリストテレスであったが，喜劇に対しては，その存在価値を揺るがす発言をした。『詩学』の中で「悲劇が我々の周辺にいるより優れた人々の再現を目的とするのに対して，喜劇はより劣った人々を再現しようとする」と述べたのである。

こうして喜劇は長い間，冷ややかな風評に晒（さら）される立場に置かれた。しかしその甲斐あって，否おうなしに喜劇が持つ風刺という「牙」は研ぎ澄まされ，気が付いてみれば一般市民からの力強い共鳴を博すまでになった，とも言える。[*]

---

[*] 最古の喜劇はアリストフォネス（Aristophanes, 前257-180）の「アカルナイの人々」だと言われている（形の文化会編［2004］96頁）。

ルネッサンス期に入る頃には，イタリアでコメディア・デッラルテ（commedia dell'arte）と呼ばれるひょうきんな音楽劇が流行した。これは，仮面をつけたストック・キャラクター（日本風に言えば「太郎冠者」のような決まりきった登場人物）によって，話が展開する即興的な音楽付き芝居である。バロック時代には，更に親しみやすいメロディと身近な人間像を主人公に据えるオペラへと，形を変えて隆盛した（森佳子［2002］29頁）。

イギリスでは17世紀に入り，劇作家ベン・ジョンソン（Ben Johnson, 1572-1637）が，風変わりな人間の面白さを描いて観客の笑いを誘う気質喜劇（comedy of humours）を大成させた（外山［2003］5頁）。フランスでは18世紀の中頃，フランス・オペラ・コミック（会話の部分を歌うのではなく台詞で語る，ハッピーエンドの物語）の形式が大いに一世を風靡した（同上書，32頁）。

日本における喜劇の足取りを辿れば，狂言に行き着くだろう。*狂言とは，誰にでも理解しやすい庶民的滑稽が売りの，室町時代から続く伝統芸能である。

お決まりのパターンは，豪がる人が勝手過ぎる行動を取って笑いものになる，利口な家来と間抜けな主人の立場が逆転する，などである（同上書，19頁）。強権を行使する側に回り込めなかった庶民の眼を通して，それを有する者たちの弱点を白日のもとに曝け出す狂言は，高い地位に座して低い志しか持てない者へ放つ，喜劇に形を借りた訴訟であったのかも知れない（小島康男監修［2003］30頁）。

歌舞伎にも，異性装（transvestism）という点から見れば，倒錯的な物真似による滑稽が内包されている（同上書，205頁）。しかし歌舞伎には，何処かしら雅な雰囲気があるのだろう，歌舞伎役者の女装を見て歌舞伎町の女姿を連想する人は少ないようである。

洋の東西を問わない社会の，さして遠くない近年まで，影の薄い存在であった喜劇（森 前掲書，22頁）。そのためか「演劇のクライマックスにはなれない」

---

* 言葉としての喜劇は，英文学に詳しい坪内逍遥がシェイクスピアを翻訳した1887年，comedyの和訳に「喜劇」を当てたのが始まりとされている（小島康男監修［2004］）。

「繋ぎの一部分に過ぎない」の処遇に耐えざるを得ないことも，未だに間々ある（別役［2004］11頁）。

　それでも何とか，喜劇は愛されるとともに，恐れられる存在としての実力も窺(うかが)わせるようになった。愛されるとは，民衆を楽しませるからであり，恐れられるとは彼らの本音が，誰れ彼れ構わぬ目前に，喜劇作家と喜劇役者の巧みな才を笠に着て，何度でも上演されるからである（ヴェルドン，J.著／池上俊一監訳［2002］92頁）。

描かれた微笑み：芸術的考察

　エジプトの古代遺跡と聞いて，ピラミッドの映像と共に，直ぐにも私たちの脳裏に浮かび上がるのがスフィンクスであろう。彼は，ギザ市の守護神として，カフラー王のピラミッドの西に横たわる，人間の頭部とライオンの身体を持つ人面獣身（全長73.5m高さ20m）である。* そして忘れてならないのは，その顔がうっすらと微笑んでいることである（形の文化会編［2004］17頁）。

　西洋のピラミッドに比肩(ひけん)する，東洋の古代芸術と言えば，カンボジアの地に残るアンコール遺跡群の他にはないだろう。9世紀に始まり，15世紀前半まで続いたクメール王朝に，この遺跡群は建立された。最も規模の大きい霊廟(れいびょう)寺院（アンコールワット）は12世紀前半に，そして四面仏塔（バイヨン）を始めとする多くの仏像寺院（アンコールトム）は12世紀末から13世紀にかけて建てられたものである（同上書，100頁）。

　感慨深いのは，（およそ50ある）仏面塔の四面に刻まれている（およそ200ある）女神の全てが，（正確に東西南北を向きながら）微笑みを湛(たた)えていることである。彼女たちは「クメールの微笑み」と呼ばれている（同上書，103頁）。

　描かれた「微笑み」の話をした以上，触れない訳にはいかない程有名な，世界が誇る作品がある。「モナリザの微笑み」として人々に愛(め)でられるその一枚が，イタリア・ルネッサンスの巨匠レオナルド・ダ・ビンチ（Leonardo da

---

＊　前550-530年頃の作と推定されている（黒田日出男責任編集『歴史学事典』3「かたちとしるし」弘文堂，1995）。

Vinci, 1452-1519) によって描(か)かれたことを，今更紹介するのは蛇足であろう。その微笑みは，彼女の左口隅へ施(ほどこ)されたスフマート（ある色調と別の色調を融合させる。絵の具を混ぜてぼかす）の妙技によって浮かび上がっている。*

実は，ダ・ビンチが鏡を見て彼女を書いた，と推測する説がある。彼の右眼付近と右手にあったイボが，モナリザの左眼付近と左手にもある，からである（http://www.spmed.jp/02_Yakudacli/bo_pdf/bouchukanwa_036.pdf）。この説を検証するべく，コンピュータ技術を使って彼の自画像にモーフィングを試みたところ，顔の輪郭だけでなく，鼻の先・唇・両目までもがまるでうつし鏡のように一致することが明らかになった（コックス，S. 著／東本貢司訳［2004］169頁）。

「西洋の神秘」とまで呼ばれるこの微笑に，ダ・ビンチが描画後も15年に渡って手を入れ続け，ついには享年（67歳）まで手放さなかった，と伝えられている。そうして込められ続けた特別な思いを，私たちはまだ汲み取れていないのかもしれない。

漫画と春画

『鳥獣人物戯画(ちょうじゅうじんぶつぎが)』は，芸術性は言うまでもないが，その構造性においても極めて秀英な絵巻（全4巻）である。同時に，日本最古のカリカチュア（caricature，戯画・風刺画・ポンチ絵）であり，漫画でもある。

京都高山寺の鳥羽僧正（1053-1140）の筆に由(よ)る，この国宝級戯画には，蛙と相撲をとって投げ飛ばされるウサギや，おおはしゃぎする蛙の様子（第1巻）が描かれている。** そして彼らが袈裟を来る，読経する，あくびする，そして何より笑う姿が，見事に擬人化されている。

世界において，漫画という分野は，18世紀初めにヨーロッパで興隆(こうりゅう)し20世紀初めに東アジアへ伝わった，と言われてきた。中でも中国で著名な画家であった豊子が，1925年に書いた絵画が「漫画(manhua)」の嚆矢(こう)とされていた（ワン・シュンホン「ユーモアと現代中国」国際ユーモア学会［2000］10頁）。

---

* 左側の唇が，やや上方へ引きつっているように見える（コックス，S. 著／東本貢司訳［2004］168頁）。
** 1・2巻は12世紀半ば，3・4巻は13世紀に入って描かれた。

しかしこれらの伝聞を全てチャラにして，我らが誇る鳥獣戯画を漫画芸術のルーツと呼ぶことはできないだろうか。鳥獣戯画は抜きにしても，1813年に出版された葛飾北斎作の『北斎漫画』（絵手本）には漫画の2文字が使われている（形の文化会編［2004］150頁）。21世紀になって，宮崎　駿氏の作品を筆頭に，世界のアニメ芸術の先陣を切る日本が，こと漫画・アニメーションにかけては，その出発地点から，ずば抜けて独走していたと考えるのは，却って自然である。

　漫画と多くの共通点を持つ日本古来の芸術が，もう一つある。春画もまた，恰も漫画のように，現実世界にありえない想像世界を視覚化し，更には歪形する快感を創り出す（ハワード，H.，文学と笑い研究会編［2003］361頁）。

　春画とは，男女の目合に赤裸々以上の，猥褻を加えて描かれた絵のことである。特に江戸の浮世絵師は，性器を肥大化して描いたために，当時は「笑絵」とも呼ばれていた（早川聞多「性は笑ひなり」『笑い学研究』10号，2003，131頁）。

　本来であればプライバシーとして守られるべき「密空間で行われる密儀」を覗く好奇心は，笑いの対象になりやすい（角辻豊「笑いと人類文明」『笑い学研究』8号，2001，80頁）。だからと言って春画には，誰かを笑いものにするという嫌味や皮肉のメッセージはない。それよりはむしろ我が身の中に覚えのある「生」と「性」の姿を笑うものである（早川　前掲書，134頁）。そしてそれは社会性に富む人間の表の姿と，私的陰部である裏の姿を，同時に描写する表裏一体の作品でありながら（表文化ではなく）裏文化としての評価に甘んじてきた領域である。

　そこで人間にとっての性交の意味を，改めて咀嚼してみよう。約150万年前に正常位が加わったことで，ヒトにとってのセックスは始めて，対面性コミュニケーション行為となった。そしてパートナーに情熱の気持ちを囁こうとして言葉が発達し，ヒトが他の哺乳類から特出する存在になったのである（澤口［2002］120頁）。

　だとすれば私たちが，生きとし生ける全ての者を前にして，自分たちだけに与えられた禁忌的な営みを，自分たちにしかできない笑い絵に仕立てるのは，

当然の成り行きであるのかもしれない。成り行きと言うよりはむしろ，そうすることがヒトに課せられた使命であるのかもしれない。

「とっ，とんでもない」と感じる人が，一方にはいるだろう。確かに，痴情や陰茎にまつわる艶話を艶笑するなど，性が解放されていない自閉的な社会における卑屈な行為に過ぎない，という見方もできる（中村明［2002］38頁）。もしくは，性に対する密事性や羞恥心が失われ，欲求だけが不正に膨らんだ末路的異常である，と考えられなくもない。

しかしチャーミングと言うよりは，不恰好と言うべき性器を，体のど真ん中に埋め込まれたのがヒトである。なれば春画は，その事実を隠したり紛らわそうとする装飾美に，真っ向から対峙するもうひとつの美学だと呼べないだろうか。「裸にすれば付いているものは同じ」という平等意識のもとに，抑圧された性願望をエロチズムに昇華させるアートだと認められないだろうか。少なくともありのままに本来で，あけすけに本音である芸術の存在理由と価値を，反古にすることはできないはずである（森下［2003］38頁）。

男と女の笑い：ジェンダー学的考察

江戸時代における武家階級の，特に男性は，庶民より偉いイメージを醸し出そうとして，およそにこりともしなかったそうである。それを庶民は「武士は3年方頬」（武士たるものは3年に一度，それも片方のホッペだけで笑う）と，笑っていたらしい（村松［2004］11頁）。

一方女性にとって笑いは，甚だ違う意味を持っていた。特に庶民に対しては「箪笥長持ち持ってくるよりも笑顔一つの嫁が良い」と言われており（昇［2003b］7頁），低い位の出身で愛想の良い女性が，引く手数多の人気者になれたのである。

時代の流れに伴って，男女を取り巻く笑いも変化を遂げた。今の時代，二枚目路線を走れる男性であれば，時々僅かに微笑んでいるだけで様になるのかもしれない。しかしその部類から漏れる男性は，周囲に笑いを齎すエンターテイナーになれなければ，異性からの歓迎を招くことは難しい。対して女性にと

っては，これらの男性の前で見事に笑って見せる「受けの良さ」が，可愛らしさを図るひとつの基準として設けられているようだ（上野［2003］126頁）。

しかし女性なるもの，やはりしたたかであった。彼女たちは，笑顔を用いて自らを「魅せる」傍ら，男性のマインドを上昇・下降させては操作する術を身に付けた（相川浩［2002］146頁）。同時にユーモアのある・なしによって，自分にサービスしてくれる（即ち自分が面倒を見なくて済む）男か，そうでないかを見抜くようになったのである（上野 前掲書，124頁）。

また長い間，「そんなことで笑うべきではない」とスカトロジー（scatology）的な笑いに対して，社会からの禁制を負わせられていた女性が，現代となっては，男性がたじろぐ程高レベル（低レベル？）の野卑を発するようになった。そしてかつては，あくまでも笑わせる「客体」であり，したがってユーモアのセンスを持つ「主体」になるなど，求められていなかった女性が，今やお笑い界でも所狭しと活躍するようになった（同上書，121頁）。

しかしマチャミ・ハリセンボン・森三中など，最近もて囃されている女性お笑いタレントに対して「男から相手にされることを諦めた女」「あんなことが平気でできる女」と冷たく見ている視線が，何処かにないだろうか。もしあるとすれば彼女たちは，一人前の芸人と呼ばれるには程遠い立場のまま，祭り上げられている振りで，蔑まれていることになるだろう。

ジョークの国際比較はできない？：文化人類学的考察

一目見て，それとわかる笑顔は国境を越えられる。しかし言葉の珍妙さを含むユーモアは，言語の壁や文化の差異を，スムースには越えられない場合が多い（外山［2003］9頁）。

またトレンドやファッションの影響を受け難く，一貫した感情である「悲しみ」は，軽々と時代を超越できる。しかしその場の雰囲気や，一瞬のうちに鋭く応じなければ始まらない「笑い」の多くは，直ぐにも色あせてしまう（同上書，192頁）。国境や時代を越えられない「ユーモア」や「笑い」はまるで，繊細で短命な生き物のようである。

そう言えば、イギリスのジョージ・メレディス（George Meredith, 1828-1909）は『喜劇論』(*Essay on Comedy*. 相良徳三訳、岩波書店、1953）の中で、「笑いは言わばピストル（の弾丸）。近いところでは強烈な威力を発揮するが遠くまでは届かない。悲劇はそれに比べると大砲の弾丸のようなもので、近くよりも遠いところで力を出す」と述べている（外山［2003］94頁）。

メレディスの言葉を持ち出すまでもなく「アメリカン・ジョークは日本人にとっては苦笑いでしかない」とは、良く耳にする。勿論ハリウッド映画のように、派手な演技や優秀な翻訳の賜物であれば、大いに笑える（同上書、27頁）。しかし日常の生活においては、海外にまで威力の及ばない地域限定型ジョークが、圧倒的多数を占めている。

ところが一方で、同国の人より別国の人に通じるジョークもある。例えば異境に暮らす水道管修理工同士が、お隣りに住みながら知識をひけらかす別階層の人より、笑い合えることがある（森下［2003］106頁）。ジョークは恐らく、近隣住区というよりは、通底する価値観を持つ同朋に伝わるものなのだろう。

ジョークの中には、エスニック・ジョークと呼ばれる分野がある。これは、エスニシティ（ethnicity）が学術的研究の対象として取り上げられるようになった1970年代以前、人種ユーモア（race humor, race joke）や集団間ユーモア（inter-group humor, inter-ethnic humor）と呼ばれていた（デイビス、C.、安部剛［2003］23頁）。その名残もあってか、今日でも「仲間意識の強化」と「異質分子の排除」という相反する要素を、部分的と雖も抱え込んでいる（森下 前掲書、88頁）。

エスニック・ジョークにおける典型的な分類は、白人・黒人・アジア人など、民族レベルである。さらに同じ白人でも、理屈好きで内面思考の強いゲルマン民族、明るく開放的で他者感覚が豊かなアングロサクソン系（決して事実ではないが）、うすのろで怠慢なポーランド系などの括りがある（新藤［2003］9頁。落合信彦［2002］19頁）。

そして例えば、アイリッシュ・ジョークはアイルランド人を主人公にした愚人談、スコッチ・ジョークはスコットランド人を主人公にした吝嗇家の話、

と相場が決まっている。勿論ジューイッシュ・ジョークと来れば，商売取引に狡猾で貪欲なユダヤ人の話，とおよその見当が付けられるようになっている（デイビス，C., 安部剛［2003］15頁）。

これぞエスニック・ジョーク！

「ユーモア発祥の国」であり，現代でも人々が「ユーモアをたしなみとする国」と言えば，イギリスである（外山［2003］151頁）。エリザベス女王やチャールズ皇太子も，例外なくジョーカーであるこの国で*「ユーモアがない」と評されることは「無能力者」の刻印を押されたも同然の仕打ちになる（森下［2003］190頁）。

対して「笑いの芸術大国」として名高いのは，フランスである。イギリス人の笑いが何かしらほっとしたものを残してくれるユーモアであるのに対して，フランス人の笑いは鋭敏に切り込むエスプリだと言われている（65頁参照）。時として残酷や意地悪の気配を漂わせるのが，いわゆるフランス風らしい（森［2002］14頁）。

ドイツ人といえば，めっぽう勤勉で通っている。額にしわを寄せて「滑稽とは何であるか」といった論議に取り組む生真面目なイメージがよく似会う。気づいた時には，エスニック・ジョークの中で「疎（うと）い」グループに入れられていたほどである（小島監修［2003］6, 141頁）。

ところで日本人は一体，どのように受け止められているのだろうか。どうやら私たちは，ユーモアの感覚は乏しいようだが礼儀を正そうとして愛想笑いをする，もしくは愛想笑いをするにはするが内心では全然笑っていない（建前と本音を笑い分ける；森 前掲書，20頁），などと思われているようである。

いずれにしても実際に，お国振りや国民性にスポットを当てるエスニック・ジョークとは，いかなるものなのだろうか。具体例を挙げて，紹介しておきたい。

---

* 日本で，お宮の方々によるご冗談やおジョークは聞いた覚えがない。もしや禁じられているのだろうか（小林章夫［2003］159頁）。

「天国と地獄の差は？」

　天国ではイギリス人が警官，フランス人がコック，ドイツ人がエンジニア，イタリア人が愛人，そしてスイス人が全ての事柄を取り仕切る。地獄ではイギリス人がコック，フランス人がエンジニア，ドイツ人が警官，スイス人が愛人，そしてイタリア人が全てを取り仕切る。

　このエスニック・ジョークでは，イギリス人の法に対する公明正大さを認めながらも料理の下手なところ，スイス人の性格が几帳面であるついでに退屈でもあるところ，などを対比させている（落合［2002］15頁）。日本人が登場するものもある。

「ある先生が，象について論文を書く宿題を出す。すると……」

　ドイツの学生は「象の存在に関する哲学的考察」というタイトルで分厚い論文集をつくり，フランス人は洒落たピンク色の表紙で「象とロマンス」について構想する。イギリスの学生は「アフリカでサファリと象狩りを楽しむ法」を書き，アメリカの学生は「趣味と実益を兼ねて裏庭で象を飼育するマニュアル」を作成する。カナダ人は「カナダ象とアメリカ象の違い」について，そして日本人は「象は日本人をどう見ているか」について書く。

　このジョークはドイツ人を，偉大な思索家・夢想家であるが，堅物でもある存在として取り扱っている。フランス人は料理に定評がある他に，情熱家でもあるという前提で語られている。イギリス人に関しては，日本人に「クジラを食うな」と言いながら，狩猟を止めないハンターの一面が強調されている。アメリカ人は，自国のルールを得意気に世界で主張するマニュアル主義者。カナダ人は，そんなアメリカ人と同類視されるのを嫌っている人々，という配役である。そして当の日本人はと言えば，他者の目ばかりを気にする優柔不断な連中と見なされ，オチの部分になっている（村松［2003］52頁）。

リージョナル・ジョーク

　一国の中でも，特定の地方住民を対象にして作られる笑いをリージョナル・ジョークと言う。大抵のリージョナル・ジョークでは，中央に位置する主流団

体が，地方の亜流集団を恣意（しい）的に笑いの素材とする。中枢（内野）v.s. 末端（外野）という設定において，訛（なま）り具合や過疎度をジョークに仕立て上げるものが多い（デイビス，C.，安部剛［2003］62頁）。

しかし「主流から亜流」や「内から外」へ向かう反対の勢力として，中央のお偉いさん（政治家・役人）を，地方（田舎者・貧乏人）が笑うジョークもある。これらは必ずしも現実性に照らして言及している訳ではなく，権力欲に溺れて重鎮ぶる輩（やから）を茶化するスタイルを採っている（同上書，90頁）。

日本の場合，リージョナル・ジョークと言えば，西（大阪）の笑い・東（東京）の笑いがある。東京に比べて大阪は，歴史の中で浮き沈みはあったものの，笑いの文化が栄えた伝統を持つ。今日に至るまで，落語・漫才・喜劇を始めとする笑いが，伝承されてきたリージョンであり，「商は笑なり」や「泣いている暇があったら笑ろてこまして生きようやないか」という表現の通り，笑いを以って困難に立ち向かう姿勢が板についているようだ（井上宏他［1997］71頁。井上宏［2003］194頁）。

そもそも東京の人から見聞すると「大阪弁」自体が，おかしさの宝庫である。大阪の叔母チャンが二人寄り合って話をすれば，なぜだかそれはもう，自然と漫才紛（まが）いに聞こえてくる（桂・筒井［2003］210頁）。

また咄家さんに言わせると，東京のお客様があるところまでウケると後はスッと引くのに対して，大阪のお客様はとことんまで笑おうとする気合がある。よってウケた後に，もうひとえぐりして，笑いをかき出せるそうである（同上書，208頁）。

もしやリージョナル・ジョークを，余所者（よそもの）に対する「偏見である」や「バカにしている」と考える人がいるかもしれないが，それは恐らく取越し苦労であろう。リージョナル・ジョークは，偏見や差別意識を，陰に隠れて抱え込まずに目の前で笑いものにする話術であり，不善というよりは健全な文化と考えて問題ない。

エスニック・ジョークもそうであろうが，リージョナル・ジョークを語る側と語られる側に，さして深刻な敵視や確執はない，と思われる。双方が笑いで

仕返しをし合うセンスと，軽口を叩きあえる関係を楽しんでおり，却ってジョークの引き合いに出してもらえなければ，省かれた気持ちがするだろう（デイビス，C.，安部剛［2003］31，200頁）。

但し日本が，近隣する国々に向かって気軽にジョークを発信できるか，と聞かれれば呻吟するより仕方ない。靖国神社への参拝でぎくしゃくする中国，領土をめぐる悶着が治まらない韓国，拉致問題を引き摺り続ける北朝鮮。彼らと私たちが，ジョークでお互いを笑いものにできるかについては，いささかの自信もない（村松［2003］178頁）。つまるところジョークとは，友情を感じる者同士がじゃれ合う時に飛び出す，歓喜の一種なのかもしれない。

第7課：笑い学と科学（サイエンス）

薬にも菌にもなる笑い：医学・薬学との関わり

前課で，笑いや笑顔について文系列に沿った話をした。今一度それらを，理工系の視点を持って，分析し直す試みをしたい。

早速，医学的・運動学的な考え方に基づいて定義してみると「笑い」は「頭の体操」であり，「笑顔」は「顔の体操」だと言える（加瀬［2003］14頁）。体を動かすと「体」の体操ができるが，笑ったり微笑んでいると「頭」と「顔」の体操ができるのである。

しかも笑いは，新陳代謝の活性化のみならずストレスを弱める働きもするので，いわば肉体と精神にとって，マッサージ機の役割を果たす。笑いの上に寝転んでいるだけで，凝り固まった心身の急所（ツボ）を刺激して，見る見るうちにほぐしてくれるのだ。

そこで，朝のラジオ体操のように，毎日の日課として，笑いを楽しむ（発する・受ける）ことに勤しみたい。「健康と美容に効く」と，湯治の噂を聞きつけて温泉地まで足を運ぶのも良いが，笑ってできる「笑治」の方が，便利でお得である。

さすがに，戦争の現場・オリンピックの本番・強盗の最中などは，笑いが禁

物であろう（森下［2003］101, 191頁）。しかしそれ以外の,殆ど全ては「笑っている場合」である。激痛と戦う救急車の中や,死に際の枕頭(ぎわ ちんとう)でさえ,笑いにはあらゆる「苦」や「悲」を,瞬時にかき消したかと思えば飛び散らす効力がある。笑いだけが,誰の手にも負えない緊急事態から,その人を救えることがあるのだ。

　そう言えば,極意ある笑いを最後の最後に演出した人として,川上宗薫(かわかみそうくん)（小説家, 1924-1985）がいる。彼は,片手を差し出し親指をゆっくり折って4本の指を立て,自分の死（「4」）を伝えたそうである（荒俣編［1994］89頁）。命脈の尽きるその瞬間に,一生に一度だけ送ることのできる4サインとともに,笑顔の遺産を後代に残してこの世を去ったのである（角辻豊「笑いと人類文明」『笑い学研究』8号, 2001, 83頁）。

　笑いは,現代病からも私たちを救ってくれる。自分を誰かに比べて大きく見せたり,少しでも早く済まそうと齷齪(あくせく)して,いつの間にか自己憐憫や自己非難という病いに陥(おちい)っている現代人。そんな自分を寧(むし)ろ,笑うことが出来れば,どんなにか楽になれる（デーケン, A.［2003］200頁）。笑うことがそのまま,ストレス対処能力を鍛える自己治癒法（カタルシス）なのである。

　しかも笑いは,過去・現在・未来に対して満遍(まんべん)なく作用してくれる。笑いは今,捻挫している所はもとより,かつて負った傷痕(きずあと)をそっと慰める。かと思えば,明日に立ち向かう活源を増幅させてくれる（立元幸治［2003］29頁）。

　笑っても,笑わせても,笑いは両者を癒す。だから高価な薬に頼むよりも,常備薬として笑いをお勧めしたい。高額負担に加えて副作用の心配もない笑いこそは,良薬中の良薬である。

　笑いは薬になるが,伝染力を持つという意味では,菌にもなる。その証拠に,笑っている人を見ているだけで,面白い話を聞いているだけで,笑いは次々周囲に波及して愉快を催(もよお)させる。周囲とて,どうせうつされるなら,風邪やあくびより笑いを貰えて本望であろう。

　それにしても「医学」の名前を出しておきながら,余りふざけた話ばかりもしていられない。この分野に関しては改めて第13課で取り上げることにする。

第2笑 「笑い」を尋ねる 99

笑い式ダイエット：栄養学との関わり

　「笑いで栄養補給ができる」などと書けば「また！ふざけた話か」と感じられるだろう。しかし笑いと栄養には，密接な繋がりがある。しかも笑いが，高栄養・高滋養の食アイテムであるのは，紛れもない事実である。

　だから私たちは，職場でも家庭でも，小言を食らうより，笑いを食らっていたい。都合の良いことに，おかずとして，おやつとして，食後の一服として，酒宴のお供として，笑いはいくらご馳走になっても，カロリー・ニコチン・アルコールからフリーである。肥満・中毒・二日酔いという後作用（あとさよう）からも無縁でありながら，私たちの人生を一味も二味も美味しくしてくれる。

　にもかかわらず，かねてから私たちは，笑いに対して「試食」する程度の認識しか持っていなかった。もしくは笑いを，会食の際の風味（フレーバー）・香料（スパイス）や装飾（トッピング）という感覚で受け止めてきた。一転してこれからは，笑いをまるで「主食」のように重要視してみよう。煮ても焼いても，塗っても盛っても食べられる笑いを，メインとして堪能できるぐらいの「笑いのグルメ」を目指そう（森下［2003］138頁）。

　既にビジネス界では，ユーモア溢れる雰囲気と美味しい食事で持て成しながら商談を成立させる方法が「ランチョン・テクニック」として汎用（はんよう）されている（上野［2003］158頁）。これは，会食にユーモアを同伴すると，難しそうに思われる取引さえすんなりまとまる確率に基づいている（シーゲル, R. & ラクロワ, D. 著／林・丸山訳［2002］77頁）。

　笑いには更なる，とっておきの実力がある。それには，酵素のように消化を助ける機能があり（加瀬［2003］25頁），即ち笑いで一休みする程に，エネルギーを消耗してダイエットができるのである。

　今まで喧伝されてきた数限りない究極のダイエット法の中にさえ，ここまで「うまい話」は，見たことも聞いたこともなかった。究極の中の究極である笑い式ダイエットには，心から「ごちそうさま」と言えそうだ。

フロイトとマスローと：心理学との関わり

　いくら「笑い学」の話とはいえ、余り度をすぎて調子に乗っていると、読者の皆様から顰蹙をかってしまう。この辺りで、真面目な話に戻ったほうが良さそうである。まずは、笑いが人へ及ぼす影響について、心理学者の意見に耳を傾けてみよう。

　心理学者と聞いて、真っ先に思い浮かぶ名前の一人がフロイト（Sigmund Freud、オーストリア、1856-1939）であろう。その彼は、1928年に世に出した『ジョークと無意識の関係』の中で、笑いは張り詰めた人心の緊張を解放し軽減するという「緊張軽減論」を説いた。また笑いによって、人は強迫衝動を回避し、打ち負かされずに精神衛生上の健全性を維持できる、と笑いの果たす安全弁の役割についても言及した（橋元慶男「カウンセリングにおける笑いの効用」『笑い学研究』8号、2001、10頁）。

　マスロー（Abraham Maslow、アメリカ、1908-1970）もまた、笑いについて書き残している。彼は自己実現的な人間、つまり精神的に充分成長した人間の特徴として14項目挙げたが、その一つに「哲学的で悪意のないユーモア」を含ませた（マスロー、A.H.［1972］124頁）。しかも「笑いは人間の基本的欲求であり、正常である人間の性質であり、且つまた属性でもある」と、その価値を大いに認めた（橋元 前掲書、10頁）。

　「ジェームズ＝ランゲ説」（James-Lange theory）と呼ばれるセオリーも、ついでながら紹介しておこう。これはジェームズ（William James、アメリカ、1842-1910）とランゲ（Carl Lange、デンマーク、1834-1900）によって唱えられたもので、極力簡単に換言すれば「人は嬉しい（楽しい）から笑うのではなく、笑うから嬉しい（楽しい）のだ」という考え方である。[*]

　実はこのような、言ってみれば原因と結果の逆転は、「笑う」ばかりではなく、「泣く」や「殴る」にも見られる。より具体的には、役者が悲しい場面の演技をしているうちに泣けるのは、悲しいから泣くのではなく、泣くから悲し

---

[*] 1884年に提唱された（井上弘幸［2003］13頁）。

くなる（上野［2003］90頁）。誰かと言い争いをしているうちに殴ってしまうのは，腹が立って殴るのではなく，殴っているうちに腹が立ってくる，かららしい（森下［2003］74頁）。不思議な感覚ではあるが，笑っているうちに益々嬉しく楽しくなれるのなら，それを信じるに越したことはない。

福沢諭吉のすすめた笑い：教育学との関わり

　福沢諭吉（1835-1901）は，『学問のすすめ』の著者として，一万円札の絵柄として，名と顔を広く知られる「言論文筆の人」である。しかしその同じ人物が生前，ユーモア教育の重要性を強く主張していたことを，知る人は少ない。彼こそは，「笑いは学習者の興味を引き理解力を促進させる。よって一瞬の内に人情や世の中の有様を会得させる独特の力がある」と唱え続けた，当時に稀な教育者の一人であった（飯沢匡［1977］200頁）。

　そんな福沢は明治25年（1892），滑稽談351篇を集めた（うち格言20，早口言葉2篇）『開口笑話』を出版した。＊　その序文には「教育の目的は唯才徳の発達を促すに外なれども其方法は千差万別際限ある可らず。就中，奇言を放て人の好奇心に投じ一笑の間に無限の意を寓して自ら人情世態の裡面を会心せしむるが如きは教育法の捷径にして却て有力なるもののあるが如し」と記されている（福沢諭吉著／飯沢匡現代語訳［1986］3頁）。

　現代語に意訳すると「ジョークで笑い，それらを味わうことは単に暇つぶしなどではなく，人生に益するところが多いにあり，才徳の発達を促すと言う教育の目的に充分かなっている。まさに人生世態の見えない所を悟らせる，教育法のショート・カットとして有効である」となる。彼にとって『開口笑話』が「もうひとつの学問のすすめ」，もしくは「裏・学問のすすめ」であった気がしてならない（長島平洋「日本のジョーク」『笑い学研究』7号，2000，20頁）。

　漫画や漫言を，初めて新聞に取り入れたのも，他ならぬ福沢であった。1882年，自ら手腕を振るって『時事新報』を発刊し，滑稽・誇張・風刺の力を以っ

＊ 表紙には *PLEASANTRIES DONE FROM ENGLISH INTO JAPANESE*（福沢諭吉閲，男一太郎翻訳，英和対訳）と書かれている（長島平洋「日本のジョーク」『笑い学研究』7号，2000，19頁）。

て政治や国際外交に物申す姿勢を示した。重井槍梨・妻利溺内・音無九四郎などのペンネームを使っては，執筆に加わったのである（坂本浩一「福沢諭吉と申します！」『笑い学研究』8号，2001，153頁）。

今から百年以上も前に，福沢がここまで笑いの力を肯定し，そして自らもそれを行使してみせていた事実には，驚きに近い感歎を覚える。彼の諭した「笑いを学問へ繋げるすすめ」へ，改めて耳を傾け直すべき，今がその時期ではないだろうか。ユーモア溢れる学習活動については，実例の紹介を兼ねて，第14課で再度触れてみたい。

ユーモアの本領と本性：コミュニケーション学との関わり

ところでコミュニケーションという言葉が，ラテン語のコミュニス（communis）に由来し，「共通の・共有の」という意味を持つことをご存知だったろうか。言われてみれば，コミュニケーションの本源は，共通のメッセージを共有することにある。メッセージを発する側には，言語や非言語（声の調子・表情・ジェスチャーなど）を作成する能力，受け取る側にはそれらに込められた意味を感知する能力が必要になる（井上宏他［1997］92頁）。

コミュニケーションの中でユーモアは，その場の人間関係や雰囲気に介在するよそよそしさや気まずさを打ち砕くアイス・ブレイカーとして機能する。*場合によっては，それが長年膠着していた窮極を切り開く媒介項になることもあり，グラウンド・ブレイカーともなる。**

しかし何と言ってもユーモアが本領を発揮するのは，注意するなど，言いづらいことを伝える時である。新聞に紹介されていた話であるが，駅のアナウンスで「白線の内側に下がってください」と何度言っても一向に聞いてもらえず困った駅員が「そこのカッコイイ方，白線の内側に下がってください」と言ったところ，皆が一斉に下がったそうである（有田和正［2004］40頁）。

---

* アイス・ブレイカーは砕氷船の意（村松［2004］14頁）。
** グラウンド・ブレイカーは開拓者の意（山田昌男「ユーモアへの比較文化的視点」国際ユーモア学会［2000］1頁）。

角を立てずに，穏便に物事を収めたいと願う私たちにとって，もし使いこなすことができれば，ユーモアは重宝なツールになる。子どもを叱る時にも，ガミガミと言う代わりにユーモアを交えた方が聞き入れてもらえるだろう。

ユーモアには，相手に気づかれずに自分を格好良く見せる力もある。あからさまに自画自賛してしまえば周囲から「ナルシスト」との反感を招くが，笑いの力を拝借すれば自然な自己アピールができる。存分に言いたいことを言わせてもらった上に「面白い奴」だと，好印象で受け入れられるのである（小田島雄志［2003］56頁）。

特に，誉められた時がユーモア発信のチャンス，であると心得よ。例えば「お料理が上手だね」と話かけられた時に「いいえそれほどでも」と謙遜すれば，ありきたりのやり取りに終始する。その代わりに「だから夫になる人は太るんじゃないかと思います」と返せれば，料理の上手さを肯定しながら，ウケも狙える（同上書，57頁）。めったに誉められることのない人であれば，どうか絶好のチャンスを空振りしないよう，平素からスタンバイしておこう。

唯一，コミュニケーションにおけるユーモアに付け入る隙(すき)があるとすれば，それはユーモアのセンスが，個人を知る際の基準や尺度になることである。なぜならユーモアを感じるツボは，その人の持っている性質・知識・経験・育った環境・体調，ひいてはその人の人生丸ごとを投影する（桂文珍［2000］261頁）。不意のユーモアに襲われて笑う拍子に，防ぎ様もなくその人は，いとも正直に自分の境涯(きょうがい)を露出してしまうのである（上野［2003］159頁）。

文豪ゲーテは「何を笑うかでその人の性格がわかる」と語っていた。マルセル・パニョル（Marcel Pagnol，フランスの作家，1895-1974）も『笑いについて』の中で「何を笑うかによってその人の人柄がわかる」と記している（昇［2003b］144頁）。本書でも，この点において十分に忠告させて頂くべきだろう。

国際試合のプレーヤーになる

海外には，会話中に堂々とアイコンタクトを謀(はか)り，気軽にお互いをファース

ト・ネームで呼び合わなければ，却って余所余所しいと思われる「横社会」がある。序列と規制を重んじる余りに，笑いを押し殺そうとする「縦社会」に比べて，先方ではTPOさえ弁えられれば何時でも何処でも，笑いを楽しんで構わない。真面目な国家行事や式典の最中に，ジョークが登場するのは，彼らにとって一種の嗜みである（佐藤志緒理，モンティース，G.［2003］59頁）。

どちらかと言えば，日本は「縦型」に属する。そして「横型」に籍を置く人によって「ユーモアのセンスに欠ける」と酷評されがちである。しかしこれは，社会的ルールの相違に対する理解が不十分であるために起こる誤解であろう（上野［2003］141頁）。日本人にユーモアが欠けているのではなく，外部にはあまり知られていない，というのが事実ではないだろうか。この機会に少し釈明させて頂きたい。

日本では長い間，日の高いうちから公的な立場で冗談を言う雰囲気が敬遠されてきた。もとより就業中は緊張・禁欲モードでいることが求められ，そこへ笑いを持ち込むのは不謹慎な，もしくは掟破りの行為と考えられてきたのである（加瀬［2003］256頁）。

「白昼」や「公の場」で影を潜めるユーモアは，友人とのおしゃべりや酒を飲んだ席など，裏舞台で秘めやかに花開くしかなかった。それは，時に勢い余って「なんでもあり」や「はちゃめちゃ」まで許される無礼講にも形を変えた（井上宏他［1997］89頁）。そしてこのような様子を目の当たりにした海外の人が，公的場面ではもったいぶった尊重体を示し，私的場面では箍が外れたように悪ふざけをする，日本人のギアの入れ替えを称して「建前と本音」と指摘したのだろう（ヒベット，H.，文学と笑い研究会編［2003］404頁）。

公（フォーマル）と私（インフォーマル）が分離し，私の立場になって初めて自分の素顔を見せられる環境の中で日本人は，例えば会社の同じ部署にいる人だけに内輪ウケするような内弁慶で応酬に近いユーモアに磨きをかけた（村松［2003］29頁）。そして公的な場で「ジョークのボール」を投げるのはプロの仕事であり，素人のすることではないという線を引いてきた（小林昌平・水野敬也他［2003］29頁）。

特別な意識を持たない限り，私たちが自然に選択するのは，険しい道より安易な道である。結局は「余計なサービスをして周囲をしらけさせるよりは，普通にしていれば良い」という考えに落ち着く私たちのために，ユーモアは出る幕を自重してきたのである。

しかし近年になって，縦と横，プロと素人など，私たちの前に立ちはだかってきた配列意識が希薄になりつつある。晴れて人々は，同じコートに立ってユーモアのトスを上げたり，それをドリブルする練習を始めるようになった。

これから日本人は国内はおろか，たとえ国際試合という大舞台に臨んでも，「運」を「感」に任せるくらいの体当たりで，ユーモアのシュートを攻めるようになるだろう。最初はファールの連続かもしれないが，それはまたそれでいいじゃないか。ゆくゆくはユーモアのMVPプレーヤーを目指すならば。

ユーモアは金になる：経済・経営学との関わり

ユーモアと，経済・経営に纏わる話をしよう。そもそも，つまらない話（説教くさい話や自慢話を含む）と，面白い話を聞いて，どちらが記憶に残るかと言えば，面白い話の方であろう。つまらない話は「聞かされている」感じがして，聞く気が失せる。しかし面白い話は，聞いてはいけないと禁じられても，耳を澄ましてしまう。両者の違いは歴然である。

実際に，笑う時に起こるα波（脳波）が，記憶力を増加させる効果については公認の通りである（森下［2003］70頁）。覚えてもらいたい内容であればあるほど，ユーモアというメモリーペグ（関連つけによる記憶法）を使って話すに限る。これは最早，ビジネス界では確立された交渉術となっている（シーゲル, R. & ラクロワ, D. 著／林・丸山訳［2002］7頁）。

しかもユーモアが入った話を聞いてユーモアを感じた人は，その雰囲気を壊したくないと望み，ついその相手に合わせようとする（上野［2003］157頁）。結果として，相手の薦める商品を購入するなど，求められた条件に同調する傾向がある。「ユーモアが人に物を買わせる」と言われるのは，本当の話なのである。

今や高品質保証や豊富な品揃えだけでは，自分のビジネスを他者から差別化することはできない。また必要な用件（事務・業務）を足すだけの間柄では，普通以上の親密性は望めない（シーゲル，R. & ラクロワ，D. 著／林・丸山訳［2002］7頁）。ユーモアこそは「常套手段」や「在来り」を超える，パートナーとの特別な関係の扉を開く鍵になる。

そして，ただ生きるのではなく生きることを楽しむように，単に商売をするのではなく商売することを楽しむ，そして実際に面白い商売をする。それだけでビジネスの好機が訪れる。

なぜなら自社のイメージに，楽しさや面白さを関連つけられれば，それらの持つ幸福感に満ちた感覚が，会社（の商品）と重なる。すると宣伝費をかけなくても話の種となって人から人へ伝えられるうちに，自ずと知名度が高まる。楽しさ・面白さは強力な広報ツールであると同時に，広告塔そのものなのである（同上書, 5, 10頁）。

アメリカに本社のあるサウスウエスト航空（Southwest Airlines）は，本気でビジネスに，ユーモアを活用することで名を挙げた会社の実例である。社長・会長・最高経営責任者（CEO）であるハーブ・ケラハー氏（Herb D. Kelleher, 1931-現在）はお調子者・剽軽者である天性を，見事に会社運営に活かしている。*

実際に当航空の機内では，フライト・アテンダントが次のような安全アナウンスをする。「座席前部のポケットにありますマニュアルをご覧ください。そう，お客様がよくガムの包みを捨てるポケットです。次に腰回りにシートベルトを絞めてください。首回りではありませんから気をつけてください。おしゃぶりは仕方ありませんが，お煙草はご遠慮ください。どうしてもお吸いになりたい方は『風と共に去りぬ』の上映を予定しております屋外エリアをご利用ください。」

他の航空会社で，機内アナウンスが聞き捨てにされている事実に照らして，

---

* 経済誌『フォーチュン』の表紙を飾ったこともある，アメリカで成功を収めた経営者のひとり。

驚くべき効果は，当航空の乗客がアナウンスに聞き耳を立てていることである。命に関わる話なのだから「ふざけるべきではない」と判断したいところを我慢して，敢えてふざけることで関心を射とめる作戦である（シーゲル，R. ＆ラクロワ，D. 著／林・丸山訳［2002］70頁）。

　職場の雰囲気にも，ユーモアは欠かせない。なぜなら楽しくない職場では，疲労感が強まり「早く帰りたい」気持ちが募る。その裏腹に楽しい職場では，たとえ仕事が辛くても働き甲斐を感じられる。そして自分を生き生きとさせてくれる会社への愛着が沸いてくるからである。[*]

　そうともなると，社内をユーモアで盛り上げてくれる，しかも社外でもユーモアを用いて交渉ができる社員を擁せることは正しく，会社にとっての「金のなる木」（無形の資産）である（同上書，61頁）。今後，開発部門やプロジェクト・チームのように「ユーモア班」を結成する会社が増えるだろう。

　不運と言うべきか幸運と言うべきか，ユーモアは今日のビジネス現場において，まだまだ活用が遅れている。まるで埋もれた地雷のようなユーモアを，いかに上手く踏み当てるかに，ビジネス界の爆発的可能性が委ねられている（同上書，12頁）。社運を風水に任せ「北の方角に黄色い物を置いておけばお金が入る」説を，信じるのも一案ではあるが，ユーモアが得意とする錬金術についても，もっと頼りにして欲しい。

政治に欠かせないユーモア：政治学との関わり

　大勢の人に語りかける立場にある指導者にとって，聞き手の注意を引き付けるためのユーモアは，語るメッセージの内容に次いで，もしくは内容に等しく重要である（村松［2004］8頁）。会衆の耳目の前で単に話す（自分を表現する）のではなく，彼らに聞いてもらえる（相手に受け入れられる）人物になることは，リーダーとしての始めの一歩なのである。

　既に多くの国でユーモアは，コミュニケーションの要として，はっきりし

---

[*] 緊張を要する仕事に従事する人ほど，職場でリラックスできるひと時が必要である（井上宏他［1997］69頁）。

た地位と市民権を持っている。例えばアメリカでは，大統領など一国を預かる大物が，しかも就任演説のようなその人にとってのっぴきならない土壇場で，故意にユーモアを介入させる（村松［2004］199頁）。

とりわけ1961年に就任した史上最年少の大統領，ジョン・F. ケネディ（John F. Kennedy, 1917-1963, 第35代）のユーモアのセンスは際立っていた（落合［2002］66頁）。政治家とユーモアの密接な関わりは，彼の出現が契機となっており，後代の政治家の意識下に彼の存在が，未だ少なからず影響を及ぼしているようである。

笑いを取りたい，政治家には切なる理由がある。まずは聞く者を愉しませ，乗じて政治家に対する信頼感をも獲得したい狙いがあるためだ（森下［2003］108頁）。ユーモアはあくまでも「印象」であり「実力」を保証するものではないが，政治家にとって「イメージ」こそが，あまりに致命的なのである。

実際にホワイトハウスでは，フォード（Gerald Rudolph Ford, 1913-2006, 第38代）以降，ユーモア顧問が置かれるようになった。彼らは大統領や副大統領のイメージアップを図るブレーンで，時に政敵を冷やかす類のジョークもひねり出す。国民の税金から彼らに対する（ジョークに対する）報酬が支払われている。*

第40代大統領のレーガン（Ronald W. Reagan, 1911-2004）は，ユーモア顧問にも負けないくらいの「無類のジョーク好き」として知られている。国民から絶大な親近感を得ていた彼は，政治的に意見がそぐわない相手からも「憎みきれない人物」と言われた（デイビス，C., 安部剛［2003］47頁）。特に「鉄の女」の別称を持つ，イギリスの初代女性首相であったマーガレット・サッチャー（Margaret H. Thatcher, 1925-現在）と彼が交わしたジョークの数々は，人々に歓待されていた（落合 前掲書，150頁）。

サッチャー首相も然る者ながら，イギリスでユーモア旺盛な政治家の話をする時に，チャーチル（Winston Churchill, 1874-1965）の存在を忘れる訳にはい

---

* 大統領でなくても，民主党・共和党ともに専門のジョーク・ライターを雇う政治家がいる（シーゲル，R. & ラクロワ，D. 著／林・丸山訳［2002］80頁）。

かない。強靭(きょうじん)な愛国心に基づく勇気とカリスマ性を持った彼は，辛辣なウイットに富む人でもあった（北村［2003］91，92頁）。中でも彼と，超富豪の出身で，イギリス初の女性下院議員を勤めたレディ・ナンシー・アスター（Nancy Witcher Astor, 1879-1964）（しかも客観的に見て美人）の間で繰り広げられたどんぱちは，大いに国民を喜ばせた。一例挙げておこう。

　ナンシー：「こら，チャーチルの酔っ払い。何故貴方は酔っ払っているのですか。」
　チャーチル：「これはこれは不美人のレディ・アスター。私の酒は明朝になれば抜けますがな，しかるにあなたの醜さは明朝になっても替わりませんわな。」

日本の政治家と評論家

秘書官を通さず，直接自分で「ブッチホン」をかけていた小淵恵三氏など，日本にもユーモアのある政治家はいた（加瀬［2003］40頁）。お茶目の度が過ぎて非難されることもあった小泉純一郎氏も，あれはあれでユーモア派として評価に値する。

しかし一部の例外を除いて，日本の政界で，ユーモアは求められても認められてもいない。テレビ中継に映し出される国会に在るのは，言葉尻の奪い合いによる言葉狩り合戦に熱中する政治家の姿である。ユーモア溢れる演説や質疑応答がほとんどない中で，起こり得るのは嘲笑や冷笑が精々(せいぜい)である（木村洋二「ジャパニーズ・スマイルと日本人の微笑み」国際ユーモア学会［2000］19頁）。そしてこのような雰囲気で，もし誰かがジョークを放とうものなら，「ふざけている」と格好の標的になる。笑わそうとした政治家が，笑いものにされるのが関の山なのである。

ところが，日本で「笑っている場合ではない」状況が，海外から見れば「真面目ぶっている場合ではない」と受け止められることもある。日本の政局にもいよいよ，従来とは異なる新展開があっても良いのではないだろうか。そろそろ深刻な議題とユーモアが，肩を並べて同席していても良い頃合ではないだろ

政治家と切っても切れない縁の評論家にも、ユーモアが欠如している。特に近年彼らは、こき下ろすだけの批判に専念しているかに見える。「評論家の銅像は建ったためしがない」と言われているヨーロッパに対して「一億総評論家」と言われている日本で、彼らはどんな偉人になったつもりでいるのだろうか。

　起こってしまった事に対して、後から「あれではだめだ」と雄弁に語る。まさに「後出しじゃんけん」という有利な立場から、口を極めて誰彼を攻める専門職。何だかんだとまくし立てている彼らが、まさかその言葉通りにできない、責任を取る覚悟（と取ったためし）がない、のではあるまいな。*

　世間では、一生安楽に暮らせるという理由から「将来は公務員になりたい」と望む、今時の子どもたちの「やる気のなさ」を嘆く声が漏れている。それは、そんな子どもに支えられるであろう自分の将来を危ぶむ大人たちの声でもある。

　しかし本当の「世も末」は、子どもたちが「将来は評論家になりたい」と言い出す時かもしれない。もし子どもたちが、口の先で他者をあげつらって人生をやり過ごせると、本気で信じ込んでしまったらどうなるか、考えただけで身震いがする。それこそどんな評論家の口にも負えない、取り返しのつかない惨事になるだろう。

第8課：今まさに笑い学

笑う民たるユダヤ人

　なんでまたユダヤ人の話（94頁参照）、かと思われるだろう。実はユダヤ人から学ぶべきことが、私たちには沢山ある。

＊　かつて政治家だった人が、現状の政治を酷評するのを耳にすることがある。しかしなぜ彼らは現役だった時、執務中であったはずの国会の、しかもカメラの前で居眠りを放く代わりに、その優れた刃を剥いて、政事を運ぶことができなかったのだろうか。

現在，全世界には約1300万人のユダヤ人がいる。これは63億に近づきつつある世界総人口の，僅か0.2％に相当する数であり，日本人（約1億2700万人）が1000人中20人いるのに対して，ユダヤ人は1000人中たった2人しかいない計算になる。*

にもかかわらずユダヤ人ほど，あらゆる分野で大きな成功を収めている民族はいない。ノーベル賞を例にとれば，創設以来の百年（1901～2001年）に，経済学賞の65％（13人），医学賞の25％（45人），物理学賞の22％（31人），化学賞の11％（22人），文学賞の7％（10人）を受賞している。世界人口の比率から見れば，一つも取れなくてよいはずのユダヤ人が，である。**

振り返れば，2千年以上の間，過酷な受難の歴史を耐え抜いてきたのがユダヤ人である。彼らは被虐の圧力下にあって，「笑う力」をもって自らに降り注ぐ不幸を堪えては，命を繋いできた「笑う民」なのである（森下 [2003] 170頁）。

実際に，笑う力がユダヤ人へ齎した栄光は偉大であった。アインシュタインは「自分が相対性原理を発見したのは，幼い時から，笑いを大事にしてきたからだ」と回想しているし，フロイトが「何よりもジョークを好んだ」人であったことは，周知の通りである（加瀬 [2003] 170頁）。

その一方で，笑いはユダヤ人に矛盾をも突きつけてきた。ユダヤ人の言語であるヘブライ語において「叡智」と「ジョーク」は，「ホフマ」という全く同じ言葉でありながら，彼らにとって至高の本である『聖書』は「愚かな笑いは虚ろである」と笑いを斥ける立場を取るのである（同上書，19, 46頁）。

しかし実は，このような符合を見ない狭間でこそ，ユダヤ人のユーモアは類い稀なレベルへと練磨された。特に，かの大戦中の，あの収容所で「絶望の最中の希望」となって花開くまでになったのである。

実際に，アウシュヴィッツの強制収容所から，奇跡的に生還したヴィクトール・エミール・フランクル（Viktor E. Frankl，精神医学者）は『夜と霧』（*Nuit*

---

* 日本に住んでいるユダヤ人にしても，2000人しかいない（加瀬 [2003] 12頁）。
** 経済学賞は，後になって新設されたため，他分野に比べて受賞者総数が少ない（加瀬 [2003] 9, 12頁）。

Et Brouillard. 池田香代子訳，みすず書房，2002）の中に「ユーモアは自己維持のための，戦いにおける心の武器である」と書き記している。当時彼らは「少なくとも一日に一つ愉快な話をみつける」ことをお互いの義務として生き延びたそうである（土井 [2002] 181頁）。

殺戮(さつりく)のシーンに染められた迫害の目下で，彼らがたどり着いた先が，笑いだったのであろう。なぜならそれは，真夏の炎天下でやっと入手できた氷のように，彼らの心身へ染み込んだ（ワン・シュンホン「ユーモアと現代中国」国際ユーモア学会 [2000] 12頁）。そしてそれは，誰が何をしてくれるという希望に見放された闇に差し込む一縷(いちる)の陽光となれたからである。

今でも，ジューイッシュ・ジョーク（Jewish Joke）と呼ばれる彼らのユーモア。それは特徴として，自らを笑う寛容さが挙げられる。とは言うものの自虐的・自嘲的では決してなく，寧ろ自己支援や自画自賛が色濃く盛り込まれている（村松 [2004] 23頁）。

「自民族は秀でている」と信じながらも，強大な他民族によって弱者の立場に追い込まれたパラドックスのもとで，彼らはジョークの中に矜(きょう)持(じ)の精神を忍ばせてきたのだろう（デイビス, C., 安部剛 [2003] 174頁）。たとえ今後再び，どのような困難に直面しようとも，彼らなら笑い声の袂(たもと)に成功を手繰(たぐ)寄せていけるはずである（コフマン, S. 著／港道隆他訳 [1998] 232頁）。

笑いの反語である泣き

人生に幾多ある困難にぶつかった時に，笑い飛ばすと楽になることはわかった。実はその反対に，さめざめと泣いても手っ取り早い気分転換になる。

笑いと泣きは，私たちに欠かせない二大感動であり，誰の人生もが大笑いした後でジワッと泣けたり，大泣きした後でクスッと笑えるように設計されている。笑ったかと思えば直ぐにも泣ける，喜怒哀楽に恵まれた人生を送っているのであれば，その人は幸せだと言えるだろう。

涙は，悲しい時や怒った時に分泌される他に，嬉しい時や感動した時にも，心の泉から溢(あふ)れ出す（吉野 [2003] 152頁）。「年を取ると涙もろくなる」と言わ

れるが、*感情の瑞々しさとして零れる涙は、若さの証である（石原・瀬戸内[2003] 18頁）。

　更に嬉しいニュースは、嬉しい時はもとより、悲しくて泣いても体に良いことである。これは、UCLA (University of California, Los Angeles) のマーガレット・ケメニー教授（Margaret Kemeny, 精神医学）が行った実験により明らかになった。

　まずケメニー教授はプロの俳優に、いわゆる「泣き場」をイメージしてもらい、即興的にセリフを言いながら泣いてもらうように指示。その前後でNK細胞の数と活性度を調べたところ、わずか20分の間に細胞数と活性レベルが増加した、との結果を得たのである。**

　また自称「涙の研究家」（実際は神経科学者、アメリカ）であるウィリアム・フレイ氏（William H. Frey II）は、感情に基づいて生産される涙は、タマネギを切るなど単なる生理的反応として起きる落涙とは異なり、多くのストレス・ホルモン（ストレスに関連して分泌するホルモン）を含んでいると主張した。泣いて、涙に含まれる有害物質ごと排泄して、心を浄化する。この効果に納得できる人は少なくないだろう（昇［2000］24頁）。

　いくら涙に浄化作用があるからと言って、必要以上に流すまでもない。実は、人が抱える苦しみの95％は不必要な憂慮であり、私たちは不覚に涙を流し過ぎているらしい。

　悩んでも悩み甲斐のない事態のために浪費するエネルギーは、考えればどうにかなる状況のために使った方が良い（デーゲン，A.［2003］127頁）。どうせアレコレ反芻せずにはいられない私たちならば、いかに楽しめるかについて、人生をかけて思い煩っていきたい。

　人生の随には、泣きながら笑う時もあれば、笑いながら泣く時もあるが、涙が「つっこみ」なら笑いは「ボケ」だと考えてみよう。そして涙を笑いに切

───────
＊　人は、他者に照合できるような経験を、積めば積むほど共感しやすくなる。即ち歳を取れば取るほど、感情が高ぶったり涙もろくなる（石原・瀬戸内［2003］16頁）。
＊＊　NK（ナチュラル・キラー）細胞には、がん細胞やウイルスに侵された細胞を殺す働きがある（昇［2000］24頁）。

り替える操作レバーがユーモアであるから，私たちはその操縦士になろう。

　現状に不満を，未来に不安を感じるのは，人としての通弊である。しかし，そこで「もうだめ」と諦めてしまえば最早それまで。「何のこれしき」と気分を転換できれば，人生はまだまだ捨てたもんじゃない。幕末の志士であった高杉晋作（1839-1867）は「面白きこともなき世を面白く，すみなすものは心なりけり」と言い残している（昇選［2003a］121頁）。

笑顔で鎧う

　英語で「人」のことをpersonと言う。その語源は，ラテン語のpersona（仮面の意）にある（昇［2003b］38頁）。顔という名の仮面を被って生きるのは，どうやら私たちの宿命のようである。(笑)顔について，少し考えてみよう。

　人は自分の顔を所有し管理するので，まるで「自分のもの」であると感じている。しかしそれは，自分の体の一部でありながら自分用ではなく，人様に見てもらうためにある（井上宏他［1997］142頁）。それが証拠に，もし自分で自分を見たいと思えば，鏡に映る反射としての自分しか見られない。もしくはビデオの類に収録して，後で再生して見るしかないのである。

　その顔の仮面を，人は極めて臨機応変に被り直す。相手に是非とも気持ちを伝えようとするあまり，自分で気づく前に行うし，また相手に無理にでも気持ちを汲ませようとして，故意にも行う。百日の恋も一瞬にして冷めるようなぶっちょう面や，蜂が寄ってくるという泣きっ面も，数ある仮面の中である。

　中でも笑顔という仮面は，自分は不快ではない，相手に好感を抱いている，という親和的メッセージを伝えてくれる（森下［2003］84頁）。(音)声を使えない時や，手を差し伸べられない時でも，異言語や遠距離の弊害を乗り越えられる。笑顔は，誰の目にもわかりやすいジェスチャーである。

　そこで笑顔に関連して，ひとつマル秘情報を教授しておこう。何と人の顔は，意地悪く笑う時には非対称的になるし，(赤ちゃんがそうするように)無邪気に笑う時には左右対称になる，そうである（香原志勢「笑いが登場する舞台としての顔」『笑い学研究』7号，2000，102頁）。したがってもし貴方が，悪役か何

かで，嫌味な笑いをしなければならない時は，顔を努めて歪めれば，良い演技ができる。逆に，浮気を疑(うたぐ)られるなど，抜き差しならない状況で笑う時は，うっかり口の片端が引き攣(つ)ってしまわぬように気をつければ，迫真の演技ができる。

いずれにしても笑顔ほど，全く元手がかからずしかも簡単に作れる，そして与えても減らないのに貰うと嬉しいプレゼントは，他にないだろう（加瀬[2003] 268頁）。しかも笑いを分かち合っている者の全ては，その時幸せであり，正しく「笑えよ，さらば与えられん」である（シーゲル，R. & ラクロワ，D. 著／林・丸山訳[2002] 240頁）。

「笑う顔には矢も立てず」と言う諺もある。なるほど笑っている顔をみれば攻撃をする気持ちは失(う)せてくる。しかも笑いながら怒ることも，なかなか難儀である（デーケン，A.［2003］195頁）。だとすれば笑う顔は，仮面どころか甲(かっ)冑(ちゅう)とも甲(こう)羅(ら)ともなって，そうする者を守ってくれることになる（加瀬 前掲書，27頁）。

どの国の人にも通じる（バリアフリーの）笑顔。1円もかからない（コストフリーの）笑顔。そして赤ちゃんからシニアまで誰にもできる（エイジフリーの）笑顔。笑顔こそ，ユニバーサル・デザインそのものである。

口と歯

笑顔が奨(しょう)励(れい)の的になる一方で，大口を開けて笑うことは戒められてきた歴史がある。最たるものとしてデジデリウス・エラスムス（Desiderius Erasmus, オランダ，1466頃-1536）が残した書には，「口腔が見えるほど，大口を開け，頬を皺だらけにし，歯を見せる人間は無作法である。此れは犬の習慣であり嘲笑と呼ばれる。…もし何としても可笑しいことが起こり，笑い方のコントロールが出来ない時は，顔をナプキンか手で覆うべきである」と記されている（On Good Manners for Boys, Literary and Education Writings 3, in *Collected Works of Erasmus*, vol.25, Toronto, Buffalo and London, 1985, pp.275-276. 形の文化会編[2004] 31頁）。

日本には，ナプキンを用いる風習がない代わりに，手の平で口の周辺を覆う笑い方がある。西洋の人から見ると「気分が悪いのではないか」と心配になる，この笑い方にしてもやはり，開かれた大口を隠そうとして生み出されたものであろう。

　口を隠す行為の背景には，口を尊敬しない思想があったようだ。かねてから「口は禍の門」「口と財布は締めるが勝ち」など，日常ベースで口の使い過ぎは厳重注意されてきた。江戸時代の身分制度（士農工商）で，話術に長ける商人の地位が最下に甘んじていたことも，「口」が持っていたイメージの所為と考えれば辻褄が合う。

　長らくの間，西洋でも日本でも，口は摂食用の入口であると同時に，排泄用の出口を連想させてきたのだろう。何しろかつて人々の口は，歯が凸凹に起伏したかと思えば，ところどころ抜け落ちるなど，荒廃の限りを呈していた。特に笑う時，口の中に広がる別世界を隠す蓋が開いて，思いがけず歯茎がむき出しになったり，変色した歯にこびりついた食べ物が見えるとあって，嫌悪の的となっていたに違いない（浦野洋司「日本の文化背景に潜む笑いへのネガティブな2側面」『笑い学研究』10号，2003，6頁）。

　しかし口や歯を巡る事情は，今では大いに変わった。矯正やインプラントなど，歯科技術の恩恵に与る現代人にとって，口元はチャーム・ポイント及びセクシー・ポイントとなっている。韓国から来た「微笑みの貴公子」が総計12本の歯を見せるスマイルで，日本の女性を魅了したのも，彼にワイド・オープンな口と，そこから上手い具合にこぼれ出す美歯があったからできた話である。

もてるための秘訣

　美人であれば，ただ存在しているだけで絵にも花にもなる。彼女たちのごく普通の立ち居振る舞いが「立てば芍薬，座れば牡丹，歩く姿は百合の花」（都都逸）と，賛美の的になるほどである。

　世の中に麗人がいれば，そうでない人もいる。初めて出会ったその日から，

三日後にようやく美しく見えてくる人々のことである。しかしこのような方々がいる甲斐あって，麗人が麗人に見えるのであるから，決して彼・彼女たちの存在が軽んじられるべきではない。

ならば少しでも，「持ちつ持たれつの関係」にある両者の間に憚(はばか)る不公平を取り除きたい。と願っていると思いつくのが，「ユーモアの術」である。この術であれば，どのような容姿の人でも，三日を待たずに相手を魅了できる。

本来であれば，人物を見た目で評価する外見主義をこそ訝(いぶか)るべきかもしれない。見かけの良さというはったりではなく，中身という真実で自分を売り込むべきは，当然の理である。

しかしながら五感の就中(なかんずく)8割を視覚的に受け入れている人間は，どうしても目に映る情報に頼りがちになる。しかも人間には「美しいものを見たい」という審美的欲求があり，美しい形状を知らず知らずのうちに模索してしまう。ならばやはり，ユーモアの術を身に付けておいた方が良い，という結論に達するのである。

お見合いのような畏(かしこ)まった席だからと言って，ユーモアに遠慮は無用である。却ってそのような折が，親や仲人ごと笑わせられる，高得点の稼ぎ時である。

しかも実は，人相の悪い人ほどユーモアを利用すると，得をする。「強面(こわおもて)なのに面白い」意外性が，笑いとなってはじける拍子に，倦厭感(けんえん)が親近感に反転するからである（若林一声［2004］19，39頁）。ごつい顔のガッツ石松が，拍子の抜けたジョークを言って可愛い存在として受け入れられているのが好例である。

さらに耳よりな情報がある。それは人間が，付き合う期間が長くなるにつれて，より強い愛着を相手に対して感じる習性を持っていることである。したがって，三日以内にさっさと面白さを発揮し，三日以降も飽きられないようにせっせとユーモアを続投すれば，モテる。これは老若を問わず，男女を問わず適用できる秘術である。

ユーモアは身を助(たす)く

「どんな彼（夫）・彼女（妻）が良いか」と聞かれて，容姿や財産を条件に挙げる人が，いるにはいる。しかしサマセット・モーム（William Somerset Maugham，イギリス，1874-1965）が「頭のいい男は美女を選ばない」と言い残し，ザ・ビートルズ（The Beatles）が"Money can't buy you love."と歌っているように，美形が若年層の特権で，お金が天下の回り物だと通暁(つうぎょう)する賢者もいる。

それでは賢者は，どのような人物をパートナーとして選ぶのだろうか。お察しの通りである。美より金より「地獄の沙汰もユーモア次第」。たとえ地獄に落とされても，その最果ての地で，一緒に楽しく過ごせる人を選ぶのである。

周囲を愉しませるユーモアを有することは，ルックスがよい・金持ちである・学歴が高い・スポーツが万能であるなどの好条件に，勝るとも劣らない，その人にとっての特徴である。そして優しい・誠実などに匹敵する，人間性に関わる魅力でもある。

しかもユーモアを使うに当たって，予(あらかじ)め必要な条件や資格は，一切ない。ジョークには著作権がないから，誰かが言った面白いジョークを，他の誰かが自由に「使い放題」して構わない（村松増美「世界のVIPのユーモア感覚」『笑い学研究』9号，2002，126頁）。

ルックスよりマネーより，ユーモアが活路を切り開く。だから顔よりは，トークを整形してみよう（小林昌平・水野敬也他［2003］3頁）。預貯金より面白話のネタを貯めておこう。

ユーモアはもてない男と女の最後の砦であり，生まれつき富裕層ではない庶民にとっての最終兵器である。「溺れる者はユーモアを掴め」が誇大表現に聞こえるなら，百歩譲って「ユーモアは身を助く」と言わせて頂こう。ついでに「ぼろは着ても心はユーモア」「いつも心にユーモアを」も付け加えておく。要するに，ユーモアを身に付けておいて損をすることは，まずないのである。

短所を笑いで償(つぐな)う

　スピーチやプレゼンテーションが得意な人は，公演や発表の機会に恵まれれば，自分の長所を発揮して，益々得意になれる。しかしそのような人は，極一部に過ぎない。圧倒的多数の人は，暗記するほど原稿を読破し，眠れぬ夜の果てに，ぎこちなく本番当日を迎えている。

　苦悩し続ける多数派のために，何らかの有効な方途(ほうと)を考え出す必要がある。そこで思い当たるのは，やはりユーモアである。語学力の才にも表現力の能にも恵まれていない人が，ユーモアを交えて話せれば，物足りなさを面白さで補足できるのだ（若林［2004］33頁）。

　現地の人と遜色なく，その国の言葉を使いこなせる人は，国際派ともて囃されて，活躍の舞台が広がる。しかし，そうできる人とて，ほんの一握りだけである。

　しかも国際舞台で問われる能力は，自分のメッセージをいかに相手の心に響かせられるかであり，語学力を見せ付けて，ただ「しゃべれる」だけでは歯が立たない。したがって外国語のセンスよりユーモアのセンスを持っている方が，拍手や喝采を貰える可能性が高い。ユーモアは，紛れもなく国際出世術・生き残り術である。しかもユーモアは使い方次第で，自分にとってのコンプレックスを強味に換える，大魔術にもなると言えるだろう。

　何しろ話者が一度面白いことを言うと，聞いている側は「さっき面白いことを言ったぞ。次は何を言うのだろう」と，話の内容に関心を示す。もう一度笑おうとして，あるいは今度こそは笑いそびれまいとして，話を聞き入れる体制が整う（太鼓持［2004］156頁）。笑いというジョイントを得て，ユーモアの発信者と受信者の間に，こうして授受的なサイクルが生まれるのである。

　何らかの失敗を仕出かした場合でも，それに対してユーモアで対処できれば「間抜(まぬけ)だが憎めない奴だ」と，多めにみてもらえることがある。もちろん失敗は誰にとっても，第一希望ではない（土屋［2002］165頁）。「失敗は成功のもと」と言われたり，「失敗学」が薦められているが，最初から成功ではなく，失敗を狙う人がいないことから，結局はそれが一種の理想論に過ぎないと察し

うる。

しかし望むと望まざるとに関わらず，前(さき)の失敗が次(つぎ)の失敗を産むかに見える現実の中で，* 既に起こってしまい，取り返しがつかない過ちを，ユーモアだけが取り繕(つくろ)える時がある。他に誰も，何も打つ手がない事態を，笑いだけに託せる時がある。そんな時の，ユーモアの頼もしさたるや，仮面ライダーにもスパイダーマンにも見えるであろう。

翻訳ソフトの開発が日進月歩を遂げている昨今，語学力が「自分にしかできない能力」ではなく，機械の一機能として代替されようとしている。そしてICTの恩恵に浴する世の中は，地球の裏側で起こった出来事さえ瞬時に体感できるグローバル化を迎えている。

このような時代に求められる世界人としてのミニマム・スタンダードは，複数言語活用能力ではなく，対話にユーモアをプラスできる高次コミュニケーション能力である。取りも直さずそれは，ポリグロット（polyglot，多言語に通じる人）が犯したミス・コミュニケーションさえ，さらりと修復してみせるユーモア・コミュニケーションである。

尽きないユーモアと笑いのメリット

ユーモアと笑いには，多種多様なメリットがあることを，お分かり頂けただろうか。この辺りでそれらを要約して「まとめ」をしておきたい（余暇問題研究所［2004］24頁）。この場では敢えて，笑いの良い点だけ（①親和作用，②誘引作用，③優先作用，④解放作用，⑤浄化作用）を挙げるに留め，マイナス点については，また後ほど触れることにする。

1 親和作用

ユーモアは自分のため，相手のため，ひいては皆のために機能するが，特に目下の人の，目上の人に対する緊張を緩衝(かんしょう)する効果に優れている（柏木

---

* 人生におよそ9万回（365日×3回×80年＝8万7600回）食事をすることからも，人間が重複を好む生き物だとわかる。同じ失敗を繰り返すのは，私たちにとっての「当然」を超える「必然」であろう。

［2001］191頁）。もし両者がささくれ立った立場にあるとしても，その場にユーモアがあれば雰囲気が和む（若林［2004］75頁）。ユーモアがまるで栄養クリームのように浸透して，潤いあるスベスベな関係に修復してくれる。

2 誘引作用

笑いは，あくびのようにヒトからヒトへと乗り移る。目に見えない笑いのビームが，大気に漲（みなぎ）って振動する。それは，一度発生すると次々に自動的に爆発を繰り返す爆薬やドミノ現象にも似ている。[*] 笑いが笑いを呼んで，人が集まる（柏木 前掲書，212頁）。笑いには人の流れを動かす力がある。

3 優先作用

笑いは「割り込む」力にも優れている。そもそも笑いは，突然の不意をついて押しかけてくるものであるので，あらゆる優先順位を凌駕（りょうが）する。また笑いは発作のような緊急事態でもあるので，一旦発動するや，それを阻止できる他者はいない。[**]

4 解放作用

ユーモアのセンスがあると，自分を開示しやすく，また自分の弱点を繕（つくろ）いやすい（同上書，212頁）。しかもユーモアは，自分を固定概念から解放して「何でもあり」の柔軟な発想へと導くかと思えば，自分にとっての不利な流れも変えられる（井上宏［2003］76頁）。ユーモアは自分に潜在する可能性や意外性を開花させる突破口となったり，行き詰まっている時には非常出口にもなる。

5 浄化作用

笑いは時に心の食物繊維のような働きをして，ストレスを蓄（たくわ）えている人の体内を浄化（気分をサラサラに）してくれる（柏木 前掲書，82頁）。根（こん）をつめている人にとって笑いは，息抜き（息継ぎ）になる。悩んでいる人が自分を笑い流せれば毒消し，相手を笑って済ませられれば毒退治ができる。

---

[*] テレビのバラエティ番組などにも，視聴者がつられて笑い出せるように，笑いの効果音が使われている（小田島［2003］216頁）。
[**] 笑いを敵対視・ライバル視する者・物も多いに違いない（上野［2003］77頁）。

第3笑
シニアとユーモアが交われば⁉

　第1笑では老年学を，第2笑では笑い学を，学際的に垣間見てきた。その上で，これから「老い」と「笑い」が遭遇する分野について話を発展させていきたい。ひいてはシニアの笑いに限らずに年少者の笑い，そして人間の笑いに偏(かたよ)らずに人間以外の笑いについても検討する。

第9課：誰が笑わないのか

ゴリラとチンパンジーの笑い

　動物学者によると，喜怒哀楽の中で最も表出しやすいのは怒りの感情であり，大抵の動物が表現できる。しかし笑いの表情となると，ゴリラやチンパンジーなど，一部の霊長類しかできないそうである。

　例えばゴリラの子どもは，カメレオンをオモチャにして「ウフフ」と，笑いに近い歓喜を示す。小猿は「フフフ」「ホホホ」と，恰も笑っているような声を出す。そして仲間と遊んでいる時や，脇の下をくすぐられている時には，「アハハ」と口を開けて，笑う様子をする（井上宏他［1997］29頁）。つまり楽しさ・嬉しさを感受して浮かべる微笑と，肉体に刺激を受けた反応として発症する笑いの，2種類を持つのである。

　このようなゴリラや猿の子どもたちであるが，大人になるとめっきり笑わなくなる。あくまでも推測の域を出ないが，弱肉強食の世界に住(す)まう彼らは，厳しい環境の中で，無防備な子どもを守りながら生き抜こうとして，笑う余裕を失墜(しっつい)していくのだろう（角辻豊「笑いと人類文明」『笑い学研究』8号，2001，66頁）。

無邪気に笑う機会を損じる大人になった彼らは，作り笑顔を示すようになる。特に親ゴリラは，子どもをあやす時に，口を「パカッ」と開けて，ご機嫌を伺うような笑いの表情をする。またピラミッドを模(かたど)るサル社会では，下位の者が上位の者との出会い頭(がしら)に，「ニッ」と笑みを浮かべた挨拶を交わして，敵意のないことをアピールする。彼らは，育児や処世術として，笑いを妙用するのである（井上宏「『笑い学』研究について」『笑い学研究』9号，2002，5頁）。

ところで，アイとアユムの名前を，聞いたことがおありだろうか。彼らはマスコミにも何回となく取り上げられた，今を時めくチンパンジーの親子であるが，改めてご紹介するとしよう。

アイは松沢哲郎教授（京都大学霊長類研究所）の研究パートナーであり，彼女が2000年4月に出産した男子がアユムである。松沢教授が，『毎日新聞』に連載していた「チンパンジーは進化の隣人」の中には彼らについて，次のような描写がある。

「両手をアユムの脇の下に入れて，そっと体から引き離す。アユムは微笑んでいる。口を閉じたまま水平に引いて，口の端がきゅっと持ち上がっている。穏かで楽しい雰囲気の時に，チンパンジーはこの微笑を見せる。口が大きいのでニーッと口角を横に引いた表情が際立つ。私も微笑む。顔と顔を寄せ，目と目で見つめ合う。どちらからともなく，口をまるく開けて笑顔になる。プレイフェイス(遊(あそ)びの顔(かお))と呼ばれる表情だ。人もチンパンジーもニホンザルも，遊ぶときにはこの表情になる。人の喜怒哀楽を示す表情は，霊長類に広く共通する起源をもっている」（近藤［2002］212頁）。

生意気なことを言い始める前の子どもが，無条件で可愛いように，松沢教授にとってアイとアユムは愛おしい存在であるに違いない。言語には頼らずに交流を果たす，人類と霊長類の種族を超えた松沢教授とアイとアユムの関係は，神秘的でさえある。

但し否定できないのは，見渡す限り一面の人間に囲まれて暮らすアイとアユムが，人のする微笑みや笑いの表情を，単に「猿真似」している可能性である。しかし喩え彼らが「見よう見真似」をしているとしても，それもまた良

し，とすべきだろう。

なぜなら歴史に鑑みても人間が，視察団を海外へ派遣してまで，何処ぞの誰かの真似をし，その成果として，現在の繁栄を築きあげてきた経緯が明らかだからである（遠藤［2003］79頁）。かく言う人間が，「真似」という手がかりなしに，今日の自らはないと言えるぐらいの，プロの物真似集団だからである。

犬と猫の笑い

「犬が笑う」と言う人がいるが，生物学の立場から見て，犬に笑う習性はない（井上宏［2003］6頁）。飼い主の眼には恰も「うちの○○ちゃんが笑っている」と映りがちであるが，犬は嬉しさを表現する手段として，笑う代わりに，尾っぽをちぎれんとばかりに振る。そして人に飛び掛ってハッハッと息を出すのである（香原志勢「笑いが登場する舞台としての顔」『笑い学研究』7号，2000，95頁）。

同様に，猫も笑わない。『不思議の国のアリス』（Lewis Carroll, 1832-1898）には笑う猫の描写があり，『我輩は猫である』（夏目漱石）にも，感情豊かな猫が描かれている。しかしこれらは，作者による擬物法の上手さに過ぎない。猫が笑うのは，物語と小説と，それらの挿絵の中だけである（森下［2003］58頁）。

思い起こせば遥か彼方，古代ギリシャ時代にアリストテレス（76, 86頁参照）が『動物部分論』で「生ける全てのもののうち，笑いは人間にのみ固有のものである」という有名な命題を残した（アリストテレス全集［第8巻］『動物部分論』島崎三郎訳，岩波書店，1969, 354頁）。ルネッサンス期には，フランソワ・ラブレー（Franécois Rabelais, 1494-1553頃）が『ガルガンチュワ物語第1の書』の中に「笑うはこれ人間の本性なればなり」と書き残している（土井［2002］178頁）。

近年になり，人間以外にもサル・チンパンジー・ゴリラなどの霊長類に，笑いと思しき表情が認められるようになり，アリストテレスの発言は少なからず覆された。そしてラブレーの言葉には，未だ異存はないが，少し付け足しが必要になった。

というのも人間であればどんな人種・民族にも笑顔があることから、笑いこそは人類共通の特徴である（井上宏「『笑い学』研究について」『笑い学研究』9号、2002、10頁）。そして霊長類多しと言えども、その中で唯一、笑いを論考し研鑽（けんさん）し続けてきたのは、人間だけである（有田［2004］177頁）。このことを踏まえると、ラブレーの言葉の続きは、こんな具合になるのではないだろうか。
　「笑うは、これ人間の本性なればなり。そして今後、更なる笑いの発展に寄与していくことが、人間の証明であり使命であろう。」

野生児の笑い

　霊長類としても、人類としても語れない存在が野生児である。中でも最も有名なのは『アヴェロンの野生児』であろう。
　フランス南部のアヴェロン河にそった森の中で、四肢（しし）で徘徊していた11～12歳の少年が発見されたのは1799年のことであった。この少年は当時、知能教育実践の先駆者として知られていたジャック・M. イタールに引き取られ、ヴィクトールと名付けられた（澤口［2002］178頁）。
　その後、ヴィクトールはイタールのもとで学習機会を授けられた結果、簡単な言葉を読み書きできるようになった。しかし思春期に入ると発作や凶暴が激しくなり、教育を中断せざるをえなかった、と伝えられている。
　アヴェロンの野生児を巡っては、もう一つの説がある。当時、教育者と言うよりは軍医であったイタールは、ヴィクトールの世話を任された5年後に退役した。そしてその時、あっさり全てを乳母に残して去ってしまった。イタールの退役を境（さかい）にして、推定40歳（1828年）にこの世を去ったことの記録以外、ヴィクトールについての情報が殆どないのは、このためである。*
　いずれにしても、イタールがヴィクトールに関わった年月に記された報告書の語調から、ヴィクトールを「保護」していたはずのイタールが、実際には彼を「捕獲」していたのではないか。愛情を注いだというよりは、実験材料とし

＊ ヴィクトールに対して、後にイタールは「彼はもともと知的障害児であった」と回想している（イタール、J.M.G.著／中野善達・松田清訳［1978］47頁）。

ての関心を寄せたに過ぎなかったのではないか、という疑いが晴れない。かの報告書に残された、ヴィクトールの笑い（に類似する表情）の記述を、転載しておこう（傍線は筆者が挿入）。

「嵐のような風が吹いたり、雲に隠れていた太陽が突然大空を輝くように照らしながら表れたりすると<u>けたたましい笑い声を上げ</u>、びっくり仰天した様子をみせ、はしゃぎまわった」（イタール, J.M.G.著／中野・松田訳［1978］32頁）。

「訓練中に何らかの障害に妨げられ、彼がそれを自分で克服した時、あるいは僅かな進歩でも喜んでやり賞賛や励ましで私の満足感をあらわしてやった時、彼が顔中でしばしば<u>げらげら笑って</u>表現する」（同上書, 130頁）。

「無感動で陰鬱な状態からこれといった動機もないのに突然<u>止めどない大笑いへと移ってしまう</u>」（同上書, 23頁）。

近年になって、彼らに纏わる話の大方(おおかた)が、でっち上げではなかったのか、と嫌疑(けんぎ)する声が高まっている（澤口［2002］62頁）。「笑い学」を推奨する立場としては、ヴィクトールの笑いに関する記載だけは、信じていたいところである。

カマラとアマラは笑えなかった？

『アヴェロンの野生児』の続編とも言えるのが、狼少女カマラ(Kamala)とアマラ(Amala)の話である。1920年、インドで発見された彼女たち（当時8歳と1歳半）は、狼に育てられたと言う触れ込みで一躍、時の野生児となった。

カマラとアマラはその後、シング牧師の孤児院に引き取られ、人間として育てられた。1年経たないうちにアマラは病死したが、その死を悼(いた)んでカマラが涙を流した様子が、シング夫妻の日記に記されている。また一人残されたカマラは、17歳（推定）で尿毒症を患い亡くなる前までに、30ほどの単語が話せるようになったそうである。

ところで、笑わない狼に育てられたカマラとアマラは、笑う・微笑むことができたのだろうか。シング夫妻の日記には、カマラが「笑った」と解釈できる

表記がある。以下に紹介しておきたい（傍線は筆者が挿入）。*

1920年12月31日，1921年1月29日：「顔の表情は明るく愉快だった。カマラの顔は何時も微笑み穏かさに満ちていた。しかし怒りや怖れで少しでも興奮すると直ぐ凶暴なものに一変した」（シング，J.A.L. 著／中野・清水訳［1977］55頁）。

1921年11月18日：「カマラが子やぎ達を手でとても優しくなで，時々顔が瞬間的だが，人間の笑いに近いほどの輝きを見せた。これは，この日に気がついた」（同上書，101頁）。

1927年3月12日：「カマラはこれを聞いてとてもよろこんだ。パジャマの細紐を結んでもらうと，彼女は微笑んで，マニカ（孤児院の女の子）と一緒に歩いていった」（同上書，163頁）。

笑いは育つ

ビィクトール・カマラ・アマラが笑えたのか，それとも笑えなかったのかという話から，思い起こされる論議がある。それは笑いが，私たちにとって先天的に備わっているものかv.s.後天的に引き出されるものか，を巡るいわば不朽の対決である。

もし笑いのない環境で育った彼（女）たちが，笑いを習得しなかった（できなかった）となれば，笑いは生まれつきの才ではなく，環境に左右されて開花する能力だと考えられる。もしくは言語の習得に臨界期があるように，笑いの習得にも臨界期があり，時宜に適って刺激を受けられなければ，たとえ能力を持っていてもそれが日の目を見ずに終わる，と考えられる（井上宏「『笑い学』研究について」『笑い学研究』9号，2002，6頁）。一方，彼女たちが笑えたのであれば，笑いは人間に生得的な能力だ，と主張できる。

残念なことに，彼（女）たちを巡る話には不確かな箇所が多く，彼（女）たちを範として，結論を導き出すのは危険である。せめて言及できることは，子

---

* 二人は姉妹ではなく，別々に捨てられたと推定されている（昇［2000］9頁）。

どもにとっての育つ環境の大切さ，であろう。

返す返すも，親から子どもへ，惜しみなく笑みを注いであげることが重要である。そこにはおのずと「大丈夫。お父（母）さんがこうして守ってあげるから」という気持ちが込められている（遠藤［2003］44頁）。それを直截に察知した子どもが，安心して笑みを返す。親と子はこんな素敵な絆で結ばれていたい。

第10課：子どもの笑い

新生児微笑と静かな赤ちゃん

新生児微笑（エンゼル・スマイル）（天使のほほえみ）とは，人間の赤ちゃんが最初に示す笑顔のことである。すやすやと眠っている時に，フーと浮かんではスーと消える，何ともいえない微笑みを指す（井上宏［2003］8頁）。エンゼル・スマイルが生後何日目に見られるかについては，個人差があるものの，一般的には1週間から20日辺りに始まる。

昔から，赤ちゃんが微笑む時の口形は，母乳を飲み下す時のそれに似ていると言われてきた（角辻豊「笑いと人類文明」『笑い学研究』8号，2001，70頁）。道理で彼らは，誰に教わらずとも，ほとんど生まれたてにして微笑む（快感に結びつきやすい形状をつくる）ことができるのだろう。*

そう言えば前述の松沢教授（124頁参照）は，アユムの生後6ヵ月に行われた記者会見で「アユムには新生児微笑みが観察された」と発表している。だとするとエンゼル・スマイルは，人間だけの特権とも言い切れないようである（近藤［2002］211頁）。

また前課で，野生児として育った少年と少女の例を上げて，笑う能力は先天か後天かという話をした（128頁参照）。エンゼル・スマイルを見る限り，微笑む能力は先天的である，と判断せざるを得ない（森下［2003］33頁）。

＊ 妊娠8ヵ月頃になると，既に胎内で赤ちゃんは微笑んでいるらしい。

エンゼル・スマイルにやや遅れて，生後2〜3ヵ月目頃に表れるのがラフ(laugh)である。ラフとは「高い高い」や「イナイイナイバー」をすると「キャッキャッ」と言って喜んでくれる，あの笑いである（角辻豊『笑い学研究』8号，2001，70頁）。

ラフは，人間が一生で一番良く笑うと言われる幼児期に多発する。この時期の幼児は，くすぐりや面白い顔など，存外単純な所作や表情に，何回でも繰り返し笑ってくれる（井上宏［2003］39頁）。そして親が遊んであげればあげるほど，彼らの笑いはぐんぐん引き出されていく（井上宏他［1997］58頁）。

悲しいかな一方で，笑わない・泣かない・じっとしている・無表情な赤ちゃんがいる。サイレント・ベイビー(silent baby)と呼ばれる彼らは，母親からも眼線をそらす「静かな赤ちゃん」である（同上書，146頁）。

あまり声をかけない・抱っこしないなど，親の子育てに対する無関心や手抜きが，症状を引き起こす原因だと考えられている。自分の子は，おとなしくてぐずらなので育てやすいと思っていたら，実はサイレント・ベイビーになっていたというケースもある。

何らかの異変に気づいた時点で，とにかく親が笑顔で接し，スキンシップを図ることが大切である。中には病状が回復しにくい赤ちゃんもいるが，通常は1〜2ヵ月程の努力で改善が見られる。

人は幼児期に，自分を守ってくれる誰かを頼りにすることで，自我を形成する。正しく「人は依存しながら自立する」と，言われる通りである。この時期にしっかり依存できないと，成長した後に他者への依存が始まり，自立が困難になる（http://molpepo.at.infoseek.co.jp/nikki/nikki3-1.html）。

親が笑顔で接してくれる時間を食べて，子どもは育つ。親が子を育てる極意は結局，このことに集約できるのではないだろうか。

「子どもにはユーモアがない」は本当か

子どもが齎(もたら)す笑いは，忘れかけていた純真無垢さを，大人に想起させてくれる。知識や常識の未熟に由来する子ども特有の珍発想が，却って大人には新

鮮に聞こえる（米田恵子「『子どものつぶやき』における笑いについての一考察」『笑い学研究』10号，2003，15頁）。彼らが繰り広げる笑いについて，少し紹介しておこう。

　まず1, 2歳の幼児には，「ある」と「いる」の区別がつかない。そのため，ママの姿を見つけて「あったあ」と言う。また「人の声」と「物の音」の使い分けも定かではないために，パトカーのサイレンを聞いて「あの声なあに？」と反応する（熊谷文恵［2003］10, 15頁）。

　3, 4歳になっても，立場・状況に対する理解が万全ではない。したがって「してもらう」「してあげる」「してもいい」の類別が曖昧で，年上の人に遊んでもらっておきながら，「また遊んであげるね」と平気の平左でのたまう。かと思うと，人に何かお願いをするような状況で「おばあちゃん，洗い物してもいいよ」とすまし顔で仰せになる（同上書, 36, 38頁）。

　押し並べて，子どもたちは見たままを表現するのを得意とする。それは言語を習得する只中にいる彼らが，新しく出会った言葉をすぐにも使ってみようとして挑む，いたいけな試行錯誤でもある。

　ある時は，三日月を見て「バナナの月」と言い，またある時は太陽が沈むのを見て「お日様が寝る」と言う（山口茂嘉「幼児の口頭詩にみられる笑いの分析」『笑い学研究』10号，2003，95頁）。自分の知っている語彙の限りを尽くして状況を説明しようとすればするほど，鎌倉の大仏の頭についているものは「どんぐりが一杯」になる（米田恵子 前掲書, 14頁）。

　子どもの懸命にして純粋な視線は，大人には思いつかない擬人法というユーモアを噴出させる。なるほど擬人法は，人間である自分を事象に投影して作る表現であり，子どもの視線に近い。またそれは，身の回りにある全てのものに自分と同じような命があると信じがちなアニミズム（animism）的心性にも通じている（山口茂嘉 前掲書, 95頁）。

　子どもが類似音異義語を取り違えても，大人にはユーモアとして聞こえる。スマップの木村拓也さんを，3歳になる娘が「キムタ君」だと思っていた伝を知る人は多いだろう。その他にも「一目散」を，人の名前だと確信し，自分の

住んでいる「社宅」を，住所としての「〇〇区」だと信じて疑わない子どもたちがいる（米田恵子『笑い学研究』10号，2003，13頁）。

このように，あどけなさによって生まれる笑いとは対称的に，子どもが大人顔負けの正論を説いても，笑いを生み出す。例えば男の子が「格好いいというのは，パンチやキックすることではなく，人に優しくすることだよ」（同上書，17頁）と，鼻の穴を膨らませて得意気に語れば，可愛らしさと可笑しさの合体になるだろう。

勿論，子どものユーモアを一蹴（いっしゅう）する意見も，一方にはある。ユーモアとは，洗練された言葉によって表現される高次コミュニケーションであるから，教養が不足している子どものおしゃべりにそれが現れる余地はない，彼らには冗談さえ通じない，との主張らしいが，果たして本当なのだろうか。

確かに子どもは，教養と呼ばれる固定観念に毒されていない。しかも数年前まで，オムツを取り替えてくれた人に，小便を引っ掛けていた程の無礼者である。しかしだからこそ彼らは，前例にも，前人にも捕われない，珍発想に基づく珍プレーができるのである。

いわば平時でありながら「ボケ」の状態でいられる子どもは，大人が「上手く言ったものだなあ」と，感心はするが真似はできない独特のユーモアのジャンルを持つ（井上宏他［1997］218頁）。彼らの面白さに一度も笑わされた経験のない大人が，もしいるとしたら，その人だけが子どものユーモアを否定しても良いとしよう（外山［2003］20頁）。

ユーモリストを育てる

年齢とともに，子どもの口は達者になる。それに伴って，彼（女）らのユーモアにも磨きがかかる。

例えば，親戚からお年玉をもらって「ほらね，やっぱりもらえた」と，一緒にいる人が口を押さえたくなるような発言をする。また客人を招いて家で会食する時「わあ，久しぶりのごちそう」と，家事を担当する人が赤面するような発言をする（熊谷［2003］173，222，248頁）。大人にとっての「失言」を，そう

とは知らない子どもが「公言」してしまうのである。
　要するに子どもたちには，他者の顔色やTPOを伺う逡巡(しゅんじゅん)がない。「巧まざるユーモア」という言葉があるが，子どもはまさにこの道の天才である（相川［2002］23頁）。大人には彼らの発言が，意図しない・仕組まれていないものだとわかるので，叱りつけるどころか微笑ましくなるのだろう。
　新しい出会いによって生じる感動や驚きを，ありのまま表現することが「子どもらしさ」として認められている一端で，大人には別の基準がある（土井［2002］181頁）。複雑な思考回路を持つ大人にとって，何かを言ったりやったりする前と，笑い出す前に躊躇することは当然のマナーと考えられている。まるで「大人しくしている」ことを敷衍(ふえん)して「大人になる」と言うかのようである（浦野洋司「日本の文化背景に潜む笑いへのネガティブな2側面」『笑い学研究』10号，2003，8頁）。
　大人としての分別がつけばつくほど，笑いっぱぐれている大人の目に，子どもがふざけ過ぎているように見える時もあり，注意を与える。そしてそれに対して子どもが上手い表現で口答えをしたりすると，「何つまらないこといっているっ！」と，つい叱りつけてしまうこともある。
　しかしもし本当に，面白い切り替えしができたなら「あなたって，そういうセンスは飛びきりね」と，叱る代わりに賞賛する方が良い（有田［2003］14頁）。親に怒られると思っていたのに誉められて，子どもは嬉しくなる。そしてまた誉めてもらおうと思って，逞(たくま)しく思考できるようになるからである（有田［2004］32頁）。
　まるで植物と同じように，子どもは親が褒めたり勇気づける方（太陽の当たる方）へ方へと伸びる。親に自分の面白さを存分に認めてもらった子どもは，やがて直面する人生の困難さえユーモアで打ち砕く，一角(ひとかど)のユーモリストへと成長できるだろう。

大の大人と子どものユーモア
　子どもの笑いは，決まってと言ってよいほど，陽気や無心を反映する。しか

し大人の笑いとなると，高笑・冷笑・苦笑・愛想笑い・作り笑いなど，諸々ある。企てずにはいられないのが「大人の人格」であり，笑うにつけても腹に一物をめぐらせてしまうのである（ヴェルドン，J. 著／池上監訳［2002］142頁）。

また子どもにとって，大人が守るべきルールやタブーは，「関係ない」事柄である。若者になってからも「若気の至り」と呼ばれて，かなりの無茶が許容されている。ところが「大の大人」になると，そうはいかない。

大人が無闇に羽目を外してふざけていると「あの人はちょっとお頭（つむ）が足りない」と思われて，人間関係にも疲弊（ひへい）を生じかねない。そしてシニアが，大いに喚起していると「いよいよ呆けてきたのでは？」と余計な心配をされる（熊谷［2003］36，38頁）。

要するに，言う・やる人の年齢次第で，同じ内容でも違う内容として受け止められる。しかも年齢が上がるに連れて，厳粛なる発言・態度をとるべき，と考えられているようだ（ヴェルドン，J. 前掲書，143頁）。

しかし「いい歳をした」大人やシニアが，子どもや若者に負けないぐらい堂々と感情の起伏を表現して，どうしていけないのだろう。そうすることを無恥ではなく，素直で人間らしいと，どうして認められないのだろう。

少なくとも笑いは，ある特定の年齢層の人に限って，行使できる権利ではない。シニアだって笑いまくって弾（はじ）けたい。少なくとも，自制に気を配る余りにストレスを溜め込み，その所為で早めに老け込む品行方正のシニアよりも，「年甲斐もなく」抱腹絶倒に精を出すジジ＆ババ族に，明るい前途は待っている。

教室でもユーモア

学校とは，敢えて大人と子どもを一ヵ所に集め，しかも教育課程まで組み立てて，両者が積極的に関わることを目指す機関である。その学校で，ユーモアは置き去りにされてきた観がある。そうならざるを得なかった理由とは何だろうか。

考えてみれば笑いとは，それまで調整の取れていた状況を瞬間的に脱臼させ

たり無化にすることで，面白みを引き出す「仕込み」である。それとは，スムースな話の流れにわざと違う時制や違うリズムを入れて，話の腰を折る行為でもある。権威の下に秩序を最優先し，教室集団の斉一性を確保したい学校が，笑いを不謹慎なものとして周縁に追いやってきたのは，由々しい判断であったのだ（堂本真実子［2002］4頁）。

その学校で教員は，かつては聖職とまで呼ばれて，人に範を垂れてきた。勿論，生徒にとって権力者であるはずの教員が，等身大に見えてしまうなどは，以っての他であった（上野［2003］75頁）。

今になって何も，教員という権威をなかったことにしよう，と言うつもりはない。さりとて「坊主と先生は高いところへ上がりたがる」と陰口されてまで，生徒へ従属関係を強いる意味もないだろう（太鼓持［2004］201頁）。現に生徒が学校で，教室で，楽しそうに笑って過ごしているのを見て，「先生の権威も地に落ちたものだ」と落胆する教員は，まずいないだろう。

そもそも笑いやユーモアは，教員にとって恐るべき事象ではない。それどころか生徒の散漫しようとする意識を，つなぎ止める力が笑いにはある。生徒に注意をする時にはユーモアで緩和できるし，生徒からの攻撃に対してもユーモアで応酬できる（堂本 前掲書，157頁）。笑いやユーモアは教員を不利にするどころか，有利にするのである。

とりわけ今時の学校で，生徒に人気が有るのは「一緒にいて楽しい」「面白い」教員である（わかりやすい授業ができる，教育能力が優れていることは，これ以前の絶対条件である）。だから今こそ教員は，隙あらば，足元を掬われてしまうのではないか，という余裕のなさはかなぐり捨てて，その代わりにユーモアを身に纏おう（上条晴夫編［2003］15頁）。

「なぜそれ程までに，教員のユーモアが問われるのか」と疑問に感じる先生方，どうか思い出して頂きたい。生徒が，誰に圧力をかけられるまでもなく，面白いと感じればやる気になれることを。反対に，誰がどう唆そうとつまらないと感じれば，やる気が失せてしまうことを。

……。教員の皆さまに対して，随分かってに注文を付けてしまった体になっ

たが，皆さまを蔑視してのことではない。それどころか，放課後や週末を問わず，生徒のためを思い奔走し，素晴らしい授業や活動に邁進している数限りない先生方を見聞きし，尊敬している。だから却って，予てから継承されてきた学校風習の中にある，何かしら几帳面すぎた部分が見直される機会を，願わずにはいられないのである。

美貌という名のカリスマ

無礼講のついでに，もう少し続けさせて頂こう。教員に欠かせない要素として，ユーモアの他にもうひとつ，ルックスがある。

今は昔，平安時代の説教僧は，揃いも揃って美男だったことをご存知だろうか。講釈の上手さに加えて「イケメンがやって来る」と言うので，王朝宮廷が女官で満員になったそうである（桂米朝・筒井康隆［2003］221頁）。

もちろん平安朝の説教僧と現代の教員を，同じレベルでは語れない。但し人前に出て話をするのが仕事の教員の皆さまへ，現状よりやや積極的に外観に拘って欲しい，とお願いするぐらいは許されるだろう。相手が子どもだと思って気を抜いているようでは，ショーマンシップに悖る。ビジネスマンに身だしなみやエチケットが最低条件として問われるように，教員も自らにそれらを問うて頂きたい（上条編［2000］8，209頁）。

だいたい自身は，例えばサンダル（ではなく，あれはスリッパか？）の態で，他者に向かって説を打っている職業が，教師の他に何かあるだろうか。教員のファッション・センスの悪さは，生徒の美的感度を腐食させる脅威にもなりえる。そのことに対する責任意識が，今まで充分だっただろうか。流行を追い掛け回す必要はないが，せめて全身としてのコーディネートが成された姿形で職務に付いて下さるだろうか，授業参観以外の日にも。

決して，美醜にこだわるルックス主義を刷り込む魂胆はない。しかし外面の良し悪しは，カリスマ性の有無にも関わってくる。しかも外見が良くなったからと言って，普通の人より図体が重くなったり，顔面が大きくなって，持ち運びに不便が生じるわけではない。

だとすれば思いっきり素敵な教員が，ありったけ面白い授業をする。そんな学び舎には，きっと必ず「福来る」。日本中の学校という学校の，教室という教室に，子どもたちが楽しく学ぶ笑顔が溢れたら，どんなに素敵なことだろう。

第11課：メディアの笑い

「お」笑い

　漫才や落語などの演芸，そしてテレビのバラエティ番組や喜劇は，総称して「お笑い」と呼ばれる。この「お笑い」の「お」には，お喜びの「お」のような丁寧さは感じられず，むしろ後に「草」がつく言葉が連想されやすい。*

　お笑いを生業とする人に関しては，お笑い芸人やコメディアンと呼ぶ。このような呼び方が，彼らを「正統派俳優ではない」と，差別するための蔑称に聞こえなくもない。演技派俳優や喜劇俳優ならまだしも，まるで「お笑い芸人に成り果てた」とでも言いた気なニュアンスが，どことはなしに漂っている。**

　お笑い芸人の中には，例えば色白と地黒など，見るからにちぐはぐなコンビがいる。こういう故意な組み合わせは結局，表立ってはからかいの的にしない現代人の胸中にも，かつて不具者を笑いものにしていた歴史（75頁参照）の残照がある所為だろうか。

　いずれにしても俳優とお笑い芸人とでは，同じバラエティ番組に出演しても，立場が180度異なる。俳優はその番組にとってのゲストであるが，芸人は番組を盛り上げるホストである。ただ座っているその出で立ちや佇まいが見せ所になる俳優と，彼らに見とれていたいお茶の間を「笑わせてなんぼ」か頂戴できるのが芸人なのである。

　しかも人々にはなぜかしら，宮廷劇場のイメージに繋がるオペラ・クラシッ

───────
＊ 竹内真［2004］161頁。「ほんのお笑いで」と，自分のしている事を卑下する意味に使われる場合もある（村松［2003］9頁）。
＊＊ ヨーロッパの，特にフランスでコメディアンとは，喜劇役者ではなく，本物の性格役者の意味である（石原［2002］244頁）。

ク音楽・歌舞伎・文楽などには，ヘコヘコ低頭したりひれ伏すくせに，お笑いに対しては過小評価を吐く傾向がある（井上宏［2003］105頁）。日頃の辛苦から，庶民を救うために生み出されたお笑いが，その彼らによって「そんなくだらないもの見てゴロゴロするな」と酷される。一般人ほど，一般人向けのものを好まず，自画像とはかけ離れた別物を追ってしまうのだろうか。

　実際，社会的に認知された芸術領域に従事する専門家（芸術家）と，お笑い芸人の日々刻々を覗いてみると，両者が違わず，厳しい修行と絶え間ない努力を積み重ねていることがわかる（井上弘幸［2003］68頁）。違いがあると言えば，例えばテノールやトランペッターが同じ曲を何回でも披露できるのに対して，お笑い芸人は，「前に聞いたことがない」ネタを，その都度持参しなければ笑ってもらえないこと。常に新しい面白さを，ハンターのごとく射止め続けなければならない試練が，芸人には付加されている。

テレビの台頭とお笑い芸人

　1953年にテレビが誕生して，人々の生活に「聞く」から「見る」への大転換を齎した。一躍にしてテレビは，家族団欒の背景として欠かせないマスメディアへと上りつめたのである（ヒベット，H., 文学と笑い研究会編［2003］1頁）。

　お笑いも，このテレビという威力に肖ることができた。それまでは街頭など，公的空間で演じられてきたお笑い芸が，ブラウン管との融合を果たしたお蔭で，家また家のお茶の間へと，届けられるようになったのである。

　テレビの出現後に生まれた世代にとって，テレビは恰も空気のように欠かせない「身内」であるに違いない。近年に至っては，自分の人生における成否の基準を，テレビに出られるか否かに置いている人も多いようである（同上書，408頁）。

　確かに私たちの目に，テレビの画面に現れては消える芸能人たちがはぶりよく映る。しかもそう映るのは，錯覚ではなく事実らしい。

　特に石橋貴明・島田伸介・久本雅美・爆笑問題・クリームシチューなど，お笑い界の出身にして冠番組を任せられるまでになった人の隆盛は，目を見張

るほどである。* 同じことをプラス・ユーモアで「おもしろくしゃべくる人」の前で，定型通りに話せるだけの司会者（MC）の影が希薄になった，という訳だろう。

結果として世の中は，お笑いブームの花盛り。しかしそのブームとやらに便乗して，最近頻(しき)りに増えたお笑い番組の中には，「多かろう悪かろう」の類(たぐい)もある。出演者の身体的特徴を笑いものにするなど，罵倒に似たり寄ったりの笑いや，悪ふざけと区別がつかないおちゃらかが視聴者を混乱させ始めている。

これまでテレビ文化に支えられ，そしてテレビ文化を支えもしてきたお笑いであるが，果たしてこれからの運命は如何だろうか。このままもて囃され続けるか，それとも直ぐにも見限られてしまうのか。** その判断は，視聴率と呼ばれる数字によって下されることになる。

笑いの学校

かつては（お笑い）芸を磨くために，師匠のところへ入門したものであったが，近年では（お笑い）芸人を目指す人が芸能養成学校へ通う場合が多い。そうなった経過を，少し紹介しておきたい。

吉本興業株式会社の名を知る人は多いだろう。当社の創立は，吉本泰三・せい夫妻が天満（大阪市）の「第二文芸館」を買収した1912年に遡(さかのぼ)る。1918年には，当時寄席のメッカであった「金沢席」を，22年には「紅梅亭」を買い取った。その後も，着々と拡大路線を走り，今や総合プロダクション（一部上場企業）として，明石家さんまやダウンタウンを始めとするタレント（およそ700名）を擁する，押しも押されもしないお笑い界のドンとなっている（井上宏［2003］171頁）。

その吉本興業が，大阪に1982年，東京に95年開学したのが，お笑い芸人の養成所としての吉本総合芸能学院（NSC, ニュー・スター・クリエーション）で

---

* 「イケメン芸人ランキング」が付けられるなど，芸人がアイドル化し「追っかけ」を獲得するまでになっている（竹内真［2004］161頁）。
** ユーモアが個人の素質や才能として高く評価されるようになれば，NHKで開かれている講座と同様にお笑い番組が，教育的番組になる。

ある（井上宏［2003］，48頁）。NSCの卒業生には，今田耕司・ナインティナイン・雨上がり決死隊などが名を連ねる。1年間のコースとなっており，学費及び諸経費は40万円程度。「試験なし」の選考基準とあって，大阪・東京の各々に例年，定員100％の600名が入学を果たしている（http://www.yoshimoto.co.jp/nsc/tokyo.html）。

　NSCの東京校に先駆けて，関東初の芸人養成スクールとして1992年，「スクールJCA」（株式会社プロダクション人力舎）が開かれた。卒業生にはアンジャッシュ・アンタッチャブル・ドランクドラゴンなどの面々が並ぶ。コースは1年制で，学費及び諸経費は60万円（入学金・授業料）程度。当校では入学試験を行い，毎年定員を50名に絞っている（http://www.p-jinriki.com/riki/jca.html）。

　私立の専門学校や公立高校の中にも「お笑いコース」「お笑い科」を発足するところが現れている。中でも大阪府立東住吉高等学校には1993年にいちはやく「芸能文化科」が設立された。伝統芸能（能・狂言・歌舞伎・文楽など）から現代芸能（落語・漫才など）までを，幅広く学びながら30単位が取得できる。*

　帝京平成大学（千葉県市原市）でも「笑い学」が学べる。当大学の現代ライフ学部では「笑いの人間学」・「笑いの思想史」・「笑いと感情の心理学」・「お笑い文化論」・「笑いとセラピー」・「映像と笑い」などの「笑い学講座」が組まれている。吉本興業へのインターンシップも可能となっている。**

お笑いシニア「ビッグ3」

　お笑いタレントと呼ばれる人の中に，綿密に言うとお笑いシニア・タレントがいる。ちなみに「お笑いビック3」として名高い，タモリ・たけし・さんまのいずれも，シニアか，一歩手前のプレシニアである。

　タモリ（昭和20年生まれ）は，遍く（あまね）「シニア像」からは程遠く見える。しかし還暦をすぎた正真正銘のシニアである。若かりし日の彼は，でたらめ外国語

---

*　井上宏［2003］49頁。カリキュラムには芸能文化総論・芸能特論・舞台技術・創作実習・劇表現などがある（http://www.osaka-c.ed.jp/higashisumiyoshi/）。
**　地元住民は聴講生として「笑い学講座」に参加できる。年に10回行われる講座のうち，7回以上参加すれば修了証がもらえる（単位認定はなし）。

とハナモゲラ語（日本語を聞いた外人の耳に聞こえる日本語の物真似から発展した言葉）を，売り物として登場した。

次第に，巧みな手のフリを駆使したイグアナの形態模写で注目を浴びるようになった彼は，如何なる設定においても，その場で請われるままに演じる即興芸で，他者を寄せつけない才能を発揮した。それはジャズマン特有のアドリブ感覚に裏打ちされたものであり，早大文学部中退という洒落た雰囲気を引っさげていたことも，観衆を魅了したようである（西条［2003］17，19頁）。

タモリから遅れること2年，誕生したのが北野武（昭和22年生まれ）である。しがない漫才師だった「おいら」は，バイク転倒（平成6年）という自らにとっての「大凶」を克服したどころか「芸大教授」に収まらない「世界のKITANO」という名声を引き寄せるまでになった。現在では，お笑いの分野に片足を残しながらも，国際的ひのき舞台で一流の者だけに向けられるスポットライトを浴びる，日本が誇る芸能界の大御所となっている（同上書，15頁）。

かつてのビートたけしと言えば，放送禁止ネタをぶちまけるブラック・ユーモアの権化(ごんげ)であった。「赤信号皆で渡れば怖くない」「寝る前にちゃんと絞めよう親の首」と標語めいた言い回しで，赤信号では止まらなければならない，親を大事にしなければならない，という社会の法規や道徳観をかき回した（竹内真［2004］)。また「グーの音も出ないパー」「開き直ったアジ」「瓜二つの茄子」「口から先に生まれて来たような逆子」などの逆説的(パラドックス)ジョークを得意とした。彼流ロジックのアウトローぶりは確かに，群を抜いて際立つものであった（西条 前掲書，14頁）。

明石家さんま（昭和30年生まれ）は，50の大台に乗ったところである。シニア層の一味と見なすにはやや尚早な，シニア予備軍に控えている。

彼のキャラクターの秀英さは「さんまって面白い」と言われるより，「さんまの番組って面白い」と言われるところにある。さんまは番組という試合(ゲーム)の司令塔として，キラーパス（即ちフリ）を絶妙なタイミングで共演者に送ることで，彼らの持ち味を引き出してFW(フォワード)に仕立てる。そして時に，自らも受けや返しの技術を使いながらゴールを決めにいく（西条 前掲書，22，25頁）。高校時

代，実際にサッカー選手として活躍していた彼が，今では差し詰め，チームを率いる名監督に就任した，と言う訳だろう。

　いずれにしてもタモリ・たけし・さんまを，テレビで見ない日は一日としてない程，彼らは私たちの生活に欠かせない常連となっている。お笑い芸人は「若者が多い」と思われているが，今日も全国に笑いを振り撒いてくれているのは，若者のみならぬシニア・タレントなのである。

同情は差別の始まり

　「ジジイ，ババア，元気か。まだ，くたばらねえのか。」スーパーや商店に毒蝮三太夫が赴いて，こんな調子のトークショーを始めてからはや30年以上になる。「あらら，おてもやんみたいなババアが来ちゃったね。」「お母さんも若いね，ペンダントしちゃって。それニシンの干物？」と，毒蝮はその名に恥じない毒舌をふるいながら，笑いに疎いと思われてきたシニアを，笑いの力で快活にした元祖的存在である（毒蝮三太夫・井上勝也他［2000］6頁）。

　実は彼が，ラジオなどで無礼とも取れる話し方を始めた当初，「シニアに対する侮辱」だとして抗議する内容の電話が，鳴り止まなかったそうだ。しかし当のシニアは，やんちゃな三男坊に乱暴言葉で話し掛けられたようで，喜んでいた。「汚ねえババアだなあ。イタチみてえな顔しやがって」と呼ばれるために，どこからともなく集まるようになっていた（同上書，23頁）。

　彼の言葉をよく聞くと「まだくたばらねえのか」の裏に「よく来たな」「達者でいろよ」の，温かいメッセージが隠されている。ほんのりと伝わる，その真心がシニアには嬉しいのだろう（同上書，24頁）。

　「同情は差別の始まり」であることに，毒蝮は人一倍敏感であったに違いない。従来，障害者と一緒くたに同情視（もしくは差別視）されていたシニアは，同じ笑いの輪へ入れるどころか，枠の外へ放逐されるか，それとも笑いのタネにされるか，のどちらかの処遇に耐えてきた（井上宏他［1997］65頁）。だからその偏見に，毒蝮は唾をした。

　シニア（や障害者）に同情ではなく共感した毒蝮は，膝から下がないシニア

に「上から見ると置物みたいだな」と毒を吐く。眼の見えないシニアには「気をつけて帰れよ。車が来たら後ろの人，前へ押し出してやれ」と毒を盛る。彼らをからかいの対象にしないのは，彼らを「同じ」と思っていない証拠だと信じる毒蝮が，彼らに投げるのは，いつでも決まってフルスピードの直球である。

　自分では気付かずに偏見や差別の目で見ていた周囲は驚くだろうが，ボールを受け取った相手は笑っている（毒蝮・井上他［2000］47頁）。口先だけの，歯の浮くようなおべんちゃらに，心を痛めたことのある彼らであるが，毒蝮の辛口ユーモアからは笑顔を貰っているようだ。

シニアのためのシニア漫談士
　近年になって「シニアのためのシニア漫談士」としてブレイクしたのが，綾小路きみまろである。彼の話芸は，老いの徴候に容赦のないビンタを見舞った上で，その無様を老いた輩(ともがら)に笑わせるのが特徴である。歳を取って授かる「老人力」を，彼ほど讃えて憚(はばか)らない漫談士は，外にはいないだろう。
　きみまろはシニアに対する御法度ほど，シニアにとって笑える話のネタになることに着眼した。束になって体に忍び寄っては，落胆や消沈の根源にもなりかねない老化現象を，笑って済ませられるとあって，シニアは彼を喝采で迎えた。彼の話に耳を欹(そばだ)てるシニアに，彼はこう語りかける。
　「シミはブローチだと思えばいい。イボは黒真珠。シワはデザイン。弛(たる)みはアクセサリー。ぷっくらとふくらんだ腹は食料タンク。でっかいお尻は燃料タンク」（綾小路きみまろ［2003］26頁）。
　フランスのアンドレ・モーロア（65頁参照）が「忘却なくして幸福はありえない」と，記し残したに等しい内容を，きみまろなら面白おかしく，しかもわかりやすく語ってくれる。物忘れによる悲劇さえ喜劇へ演出し直してくれる。
　「物忘れ，度忘れがひどくなり，言ったことを忘れてしまい，言おうとしたことまで忘れ，忘れたことも忘れた。何をしに席を立ったか忘れ，長電話で用件まで忘れ，メモしたことさえ忘れ，めがねをかけてめがねを探

し，パンツの上にパンツをはき……」（綾小路［2003］78頁）。

きみまろは，シニアにとっての若かりし頃（過去）を，現在の対比として活用する。大した過去を持たずに今を生きる若い人は「仲間はずれ」にしておいて，赤貧に覆い尽くされた時代を生き延びたシニアだけに，別格の笑いをプレゼントしてくれる。

「若いときは命掛けでした。命を掛けました，亭主に。あれから40年。いま，生命保険をかけています。」「昔ははめを外していました。若かったんです。あれから40年。いま，外せるのは入れ歯くらいです。」「昔は女房の身体をよく触りました。あれから40年。いま，毎日触るのは手すりぐらいです。」（同上書，37，38，39頁）

シニアがシニアを笑うのは，自分たちの世代へのオマージュに他ならない。彼の登壇を待ちわびてくれるシニアがいる限り，今日も何処かでシニア賛歌を口ずさむきみまろがいる。

「厚化粧　顔と首とが　別の人」

「いつまでも　あると思うな　艶と張り」（同上書，34，113頁）。

寅次郎再考

「男はつらいよ」（山田洋次監督）は「国民的映画」の代名詞として，1969年（第1作）から95年（最終作）まで，48作を数えたシリーズ物である。家族内の，いってみれば取るに足らない騒動や葛藤を，敢えて映画の題材にしたところが巷の好評を博したようである（澤口［2002］9頁）。

作品の主人公である寅さんは，理想的なヒーロー像とは似ても似つかない人物として描かれている。高等教育はおろか，どちらかと言えば「無類の無知」と形容すべき彼，柴又帝釈天（題経寺）で産湯を浴びたおっさん露天商である。のぼせやすく恋には落ちるが，お人よしでおっちょこちょいの性格が仇となって，決まってプラトニック・ラブ止まり。片思いの他には，特別な用件に恵まれることもない平凡ぶりである。

しかも寅さんは「いい人」と言うよりは，勝手に家から出て行ったかと思え

ば，突然ふらっと帰ってきたりの，俗に言う顰蹙(ひんしゅく)者である。にもかかわらず彼の切る仁義に，うかつにも周囲がほろりとさせられる。そして難しいことを簡単に，辛いことを面白く話す寅さんの台詞に，なぜだか笑ってしまうのである。

「俺とお前，違うのはあったりめぇーよ。違う人間だよ。その証拠にな，俺が芋食って，お前のけつから屁が出るか？」（昇選［2003a］177頁）。これを聞いた観客は「馬鹿な男よなあ」と呆れながらも「こんなふうに面白おかしく生きられたらいいな」と憧れもする。人々の心から好感に似た親近感を引き出すところが，結局は彼が「巷のヒーロー」と呼ばれる由縁なのかも知れない。

実は，この瘋癲(ふうてん)（定職を持たずにフラフラしている，の意）の寅さんのモデルになったのは，意外な人物であった。終戦を迎え中国から引き揚げる際，山田監督が列車に乗り合わせた，一人の青年なのである。

当時の引き揚げ列車は，祖国を目指す人々を鈴なりに乗せながら，ひた走っていた。しがみ付いていた窓枠や屋根からは，空腹や病いで弱った人々が，一人また一人と線路脇の大地に落ち，そのまま置き去りにされていった（相川［2002］168頁）。

このような状況で，同胞を救ったのが，かの青年である。「おい，こら。お前が先に落っこちそうだな。あばよ。」「そっちのおじさん。辛かったら手離しちまえよ。あれ，まだ頑張る気か。」

罵声とも聞こえる彼なりの精一杯のエールが，人々の残された力を鼓舞させた。列車は時に「ドッ」という笑い声を上げながら希望を吸い込み，煙を吐いた。生きるか死ぬかの瀬戸際（窓際！）で，飾り気のない青年のユーモアが数多の命を繋ぎ止めた（同上書，170頁）。山田監督の命も，そのひとつだったのである。

映画の寅さんに溢れるユーモアは，洗練されたウイットやエスプリといった遊戯的な部類からは，ほど遠い。しかし不器用でつっけんどんながら，どんな相手にも怯(ひる)むことなく面と向かって放つ彼流のユーモアが，私たちを癒してくれる。

気がつけば，一人こっそり「男はつらいよ」と，呟(つぶや)いて心救われる男たちがいることだろう。そう言えば，やおら女寅さんの登場にも期待したいものである。

第12課：シニアの笑い

シニアはスカトロジーがお好き

子どもであれば，ぐずるなどして大人の注目をかき集めて欲求を満たす。彼らには，いわば無制約の状態が確保されている。それが大人になるに従って，社会的制約を課せられる。子を持つ親になり，部下を持つ親分になるにつれて，社会的責任の重みも増す。

しかし子が自立し，自らが現役を引退する頃になると，大人（シニア）は多くのしがらみから解き放たれる。まるで幼少期に戻ったかのように，再び「制約なし」の自由を与えられる。

こうして晴れてシニアとなった時，長きに渡った窮屈な生き方の反動としてだろうか，自分を奔放に開示したい願望が，彼らに芽生える。特に，下半身へ下降するスカトロジー系統の笑いは，シニアにとっての大胆な代償行為でもあり，快感に繋がりやすい（森下［2003］79頁）。

そもそも笑いは，食の出口としての排泄，眠りの寄り道としての性行為に直結している（小島康男監修［2003］306頁）。下品な糞尿(ふんにょう)譚や露骨な性描写は，「上品ぶる」や「仮面をかぶる」を風刺すると同時に「（か）ぶる」ことを止めて「素」や「地」のままの自分を曝(さら)け出そうとする，極めて実直な表現なのである。

しかし傍目には，この種の下ネタに属するシニアの笑いが，どうしても無分別でお下劣に映りがちである。シニアとは，縁もゆかりもない（はずの）猥談をするなんてエロジジイか，さもなくば妄想ババアに違いない，と頭ごなしに決めつけている所為だろう。往々にして周囲は，顔を顰(しか)めるか聞こえない振りをするか，のどちらかで対応している。

実際に,極め付けや思い込みは人の判断に強い影響を及ぼす。例えばの話であるが「りんごの箱」と聞いて,りんごが一つだけ入る大きさの箱を連想する人は少ない。誰に何と言われた訳ではないのに,30個くらい入る大きさの箱を思い浮かべる(土屋[2004]40頁)。同様に,シニアの色情と聞いて,それに好感を持てない(どころか嫌悪感を抱いている)私たちが,勝手にマイナスのイメージを擦り付けている可能性がある。

　またしても「例えば」の話であるが,恋人同士が,愛し合う時に「これからセクハラを始めます」とは言わない。しかし自分が嫌気を催している人に愛を囁かれ,そして行使されれば強姦されたことになる。このように同じ内容でも好きな人と,好きでもない人が言った・やったでは雲泥の差が生じてしまうのである。

　是非ともこの機会に,シニアにもっと好感を寄せて欲しいし,またシニアの持つ恋情についても理解して欲しい。70,80を過ぎた人が「恋愛」や「性交」できないという法則など,どこにもない。周囲が信じ込んでいる悪しき慣わしがあるだけだ(小島監修[2003]31頁)。

　勿論,シニアの側にも言い分がある。たとえ,いい年をぶっこいた「やきぼっくい」が,老醜をひっさげて,「狂い咲き」の果てに「老いらくの恋」に落ちたとしても,何か文句があるか。少なくともやることをやり終えた者が,まだやってもいない者にパトロナイズされる筋合いはない。[*]悔しかったらシニアになるまで長生きして真似てみろ,である。

　「惚れているうちは惚けない」「惚けるより惚れろ」,とも言われている。だからシニアになって無聊に悄然としたり,硬い殻に引き籠るより,「恋せよシニア」を推奨していこう。いっそ大手を振ってスカトロジーを話せることを,シニアの特権にすれば良い。

　歳を重ねるに従って,自己愛にしか注目できなくなるより,自分以外の誰かを愛せることは晴れがましい。他者を愛する気持ちは,人間を優しくさせる。

＊　パトロナイズは「子ども扱いする」「保護者気取りの口調」という意味。保護者と同源(白石正明編[2003]181頁)。

愛する人を守りたい気持ちは，人間を強くさせる。そしてその気持ちが，両脚の間にあるセックスと繋がるのは自然な成り行きである（メーリン，E. & オールセン，R.B. 著／東翔会監訳［2003］154頁）。

　シニアの性欲を劣情と見なし，シニアの性愛を淫行と片付けようとするのは，明らかにやりすぎである。それよりもシニアが，最後まで男と女であることへの執着を持ち続け，おめでたくもあっぱれに破廉恥でいられることを，笑って喜べる私たちになりたい。

老夫婦にもユーモア
　遠慮が要らないほど，馴れ合いになったベテラン夫婦の関係は貴重である。しかし子どもが巣立った後，二人きりに還ってみたが情愛も蘇らず，こわばったかに見える老夫婦もいる。彼らは次第に，相手配偶者に対して芽生える「それもそのはず。基を辿れば真赤な他人ではないか」という，欺瞞を押さえ込めなくなる。結果として年間4万組を超える熟年層の離婚が届けられている。
　このような老夫婦の決別を思い留まらせようと，夫婦円満のコツを助言する本が出版されるようになった。頁を捲ってみると，「その髪型すてきだね。よく似合っている」「スタイルが良くなったんじゃないか？」など，相手（主に，夫が妻）を誉めるとマンネリズムが解消され，また夫婦の関係修復ができる云々，と書かれてある。「親しき仲にも礼儀あり」を解く理論のようである（近藤［2002］221頁）。
　確かに，このようなアドバイスに従えば，煽られて上機嫌になった配偶者から，おこぼれのような恩恵を肖って，自分も幸福になれるのだろう。リップ・サービスをするだけで，夫婦間の澱みを清浄できると言うのなら，トライしてみる価値はある。
　しかし所詮，おべんちゃらはおべんちゃらでしかないと，見抜く人もいる。心から溢れ出たのではない御託を，どれほど並べてみても，そこにどんな意味があると言うのだろうか。
　しかも逆効果が冴える危険性もある。妻が，新しい髪形を気に入らないと感

じている時に，夫が誉め始めれば，「やはり何も分かっていない」「趣味がちがう」と思われる。妻が太ったと思っている時に，夫がスタイルの良さを持ち出せば，「嫌味を言われた」「この人は嘘を軽々しく言える人だ」と思われてしまうのだ。

相手の機嫌気褄(きづま)を取る，これほど手を抜いて，本物の人間関係が構築できると望むべきではない。お世辞を塗り合うおべっか夫婦になるより，不穏さえ笑い飛ばせるユーモア夫婦になろう。「生涯の伴侶」と，一度でも誓った相手ならば，持ち上げてペコペコするよりは，下げても，それがユーモアとして通用する間柄でいたい。

そのためには，夫婦で一緒にいる時は言葉による愛情表現にも増して，身体的触れ合いに気を配ろう。海外のカップルのように，テレビを見ながら自然に寄り添ったり，手を繋いで外出するぐらいが良いのではないだろうか。

実際，スキンシップには医学的効能が認められている。皮膚(スキン)は，いわば人体の外胚葉(がいはいよう)に相当する部分であり，脳や脊髄という中枢神経に通ずる。一般的にも「あの人とは肌が合う」や「顔を見ただけで鳥肌が立つ」と表現されるように，肌（皮膚）は心（脳）を感じられるのである。*

家族の中で唯一，一緒に生きたいか生きたくないかを選べる相手が，夫と妻である。家の中では「どうせ夫（妻）しかいない」と油断して，無粋な格好でいるのだろうが，その夫や妻が誰より（何より）大切な人（物）であることに，改めて思いを馳(は)せてみよう（三田誠広［2004］125頁）。そしてもし，心身に手を当てて，いくら考えてみても感じられるものがないのなら，二人で連れ合う意味もないのだろう。

Weller than well の恩恵

商売を始めようとして，傘を仕入れれば旱魃(かんばつ)になる。アイスクリームを買い込めば冷夏になる（加瀬［2003］171頁）。しかしもし，このような不運や逆風

＊ 目の不自由な人が指先の感覚で字が読めるのも，犬や猫が舐める舌先でコミュニケーションをとれるのも，この機序(きじょ)による（昇［2000］94頁）。

さえ，笑い話にすりかえられる楽観的な心性を持っていれば，その人は救われる（増田修治［2002］164頁）。詰まるところ，人生を悲劇と喜劇のどちらに作り上げていくかは，本人の捉え方次第である。

「忘れっぽくなった」「耳が遠くなった」などの老化現象に対しても，人並み（か人並み以上）であれば，順調（か快調）な進行具合を喜んで笑っていれば良い。そして老いることを諦念とするのではなく，記憶が悪くて得した，難聴で助かった経験を「めでたし」の二乗として楽しもう（橋元慶男「学校ストレスの深層とストレスマネジメント」『笑い学研究』7号，2000，65頁）。

もし病気に罹って入院しても，看護師や他の患者に自前のユーモアを披露できるチャンスと考えてみよう。何しろ病気ネタ・病院ネタを語らせれば，シニアの右に出る者はいないはずだから，自信を持って構わない。

同病者であれば，そうでない者が容易には割り込めない特殊ネタでも笑い合える。死の恐怖を垣間見て蘇生した人であれば，かつて耳を素通りしていたことや見過ごしていたことにも気づくようになった新感覚を通して，ユーモアに磨きをかけられる（昇選［2003a］130頁）。病気になれたお蔭で辿り着けたWeller than well（良いより，もっと良い）の新境地からユーモアを発して，周囲を元気づける任務を担えるならば，ストレス・コーピングや，リスク・マネジメントの実践者になれる。

「ユーモアを好む人には自己顕示欲が強い」と言われることもあるが（上野［2003］99頁），どちらかと言うと旺盛なのはサービス精神の方ではないだろうか。自分が皆の中から飛び出して注目を浴びるのではなく，皆と楽しく仲良く過ごしたいと思う人ほど，「笑わせたい」と望むのだろう。

特にシニアの中には，自分が周囲から「浮き上がっている」もしくは「沈んでいる」と感じている方がいる。特に病いを持つ人は，周囲の世話になってばかりいると負い目を感じているようだ。このような慙愧に取り付かれた自分を救えるのは結局，こんな自分にもきっと何かできることがある，と信じるもう一人の自分だけかもしれない（新藤［2003］69頁）。

シニアにとって「ウケたい」気持ちは「受け入れられたい」気持ちでもある

（上野［2003］108頁）。彼らがいてもいなくても，どうでも良い存在から脱し，ユーモアとともに求められる存在になることを，願わずにはいられない。

若者とシニアの確執
　ユーモアは「全て」の人ではなく「訳知り」の人にのみ通じる伝達事項である（外山［2003］29頁）。しかもユーモアを察知するセンサー（面白いと感じるツボや，関心・興味の的）は，年齢によって大きく異なる。それは例えば，若者が新宿アルタに集まる一方で，シニアが浅草の演芸場に集まる傾倒として，如実に現れている。
　恐らく若者の眼には，和服を着て，正座して語る落語などは，敷居が高い異世界に見えるだろう。逆に，若者にとっての「常識」や「有名」を，口早にまくし立てるようなバラエティショーが，シニアにとっては異次元に見えるかもしれない（森［2002］41頁）。
　世代が異なれば，どうしてもその隙間に，スタンダードやプライオリティの差が生じる。若者が政事や年金事情に疎いからと言って，シニアが海外アーティストの名前やハリウッド映画のタイトルを知らないからと言って，無知扱いはできない。
　ただし戴けないのは，シニアが若者から，ユーモアの通じない人どころか「退屈な人」という鍵括弧を付けられている嫌いである。確かに「こんな事は今まで話したことがないけどな」「これはまだあんたは知らん話やけどな」と，気を引いておきながら，それこそ以前に百回も聞かされた話を始められると，若者の失望は歯止めが利かなくなる（近藤［2002］92頁）。そして，笑い話かと思って聞いているのに単なる謙遜話で，要するに誰かに慰労して欲しかっただけ，というオチも若者の好む展開ではないようだ。
　そもそも若者は，狐と狸が，陰に回って騙し合うような大人が作り上げた虚構社会を，とっくに見透かしている。自分を，自分以上に見せようとする人も，以下に見せようとする人も，不実を述べているのだから，どちらも甲乙付けがたい嘘つきであるはずが，学や金のある振りをする人だけが非難され，な

い振りをする人が尊敬される。自嘲していると見せかけながら，実は自慢している謙遜家様による慇懃無礼(いんぎんぶれい)なお話が鼻について仕方ない時に，若者は悪態をついてみせるのかもしれない。

　おしゃべりとお話上手に雲泥の差があることも，若者はとうに見抜いている（太鼓持［2004］21頁）。たとえ，どんなにしゃべりが流暢でも，内容が面白くなければうんざりさせられる。極めつけなのが「私の若い頃は……」に始まる武勇伝で，これほど聞く者を閉口させるストーリーはない（小田島［2003］75頁）。

　このままのシニアと若者では，何時までたっても分かり合えないままである。やがてはお互いを冷笑の標的にして背反し合うようになる。そんな不吉な兆しさえ，見え隠れしている。

　だからこそシニアであれば，立て板に水を流すようにそつなく話す段階は悠に越えて，ユーモア・コミュニケーションをはかれる必笑！仕置き人になろう。耳寄りな話ができる年寄りになろう。

　何しろ若者がやったら「あげ」になってしまうことを，シニアがすれば「さげ」になる。シニアゆえの格好悪さは，話の「おち」に使われる時，格好良さに変わるのだ。

　どうせ最後は同じ終わり方の，聞き飽きるほどある謙遜風自慢話より，若者はシニアのburlesque(バーレスク)が聞きたい。彼らの手には余るような失敗まみれの人生を，シニアがわび＆さびの効いた，格好悪さが格好良い話に変えて語ってくれる日が来ることをを，楽しみに待っている。

目指すはワイズ・フール

　現役時代には，やるべき事を，やりたい事より優先しなければならない。しかし退職後には，やりたい事をやりたいだけできる。そしてこのような時，仕事が「できる」「真面目」シニアより，一緒にいて「楽しい」「面白い」シニアが本領を発揮する（太鼓持 前掲書，13頁）。

　医学界でも「真面目すぎる人は呆けが早い」と語られている。ならば，何が

何でも真面目を貫く甲斐がないだろう（森下［2003］188頁）。しかもどうせ遅かれ早かれ，誰もが老化して，やがて呆けて死ぬのだから，自分だけが急ぐ必要もないだろう。

だから，シニア期には腕白時代にも負けないような，大いなる道草を食って欲しい。そして天才や美人ではなかったお蔭で，薄命という悲運を背負わずに，シニアになるまで長生きできた幸福を存分に噛みしめよう（石原・瀬戸内［2003］36頁）。

但し一つだけお願いがある。どうかそのシニア期を，社会におけるハーレクイン（harlequin）* として過ごしては下さらないだろうか。

予行練習も雨天順延もできない，そんな本番ポッキリの人生で，賢くなければ上手く立ち回れない（加瀬［2003］8頁）。しかし同時に，戯けにでもならなければ，連綿とひた続くその道程を踏破することなど，できはしない。

人命の終焉という，最大の破局へ向かおうとするシニアの外観は，どうせ二枚目からはほど遠い。だからこそ目指すのは，三枚目のワイズ・フール（賢い愚人）が良い。ワイズ・フールであれば，担がれた人の振りさえしていれば，社会の（若者の）未来のために，どんなに賢いことを言っても，やっても良いのだ。

このような奇を衒う大役を，シニアを置いて他の誰に託せるだろうか。いやシニアの他には，誰としていない。

＊「ロマンス」だと思われているが，本当の意味は「道化師」のこと。

第4笑
シニア・ユーモリストが時代を啓く

　老年学の紹介（第1笑―「起」），笑い学の紹介（第2笑―「承」），そして老年学と笑い学の遭遇（第3笑―「転」）を踏まえて，いよいよ「結び」の部分に入る。改めて笑いと医学の妖艶なまでに甘(あま)やかな関係を蒸し返しながら，シニアが笑いの力を養成できる学習活動についても紹介していきたい。思い描いているのは，世界に冠たるシニア・ユーモリスト大国日本である。

第13課：治療としての笑い

「笑い療法の父」現る

　太古の遙か，医聖ヒポクラテス（63頁参照）は『ヒポクラテス全集』の中で「病を癒すのは自然の偉大な力であって，医師はその忠実な協力者に過ぎない」と述べている。* そして『疾病論』の中では「病と闘うためには医者も患者も陽気で元気な気分でいることが大切だ」と指摘している（土井［2002］183頁）。
　実際に古代ギリシャでは，喜劇役者の館を訪れることが，治療法の一つとされていた。また北米原住インディアンの間でも，道化医師が病気を治すために滑稽な芝居を演じていた故事が伝えられている（クライン，A.著／片山陽子訳［1997］31頁）。
　1500年代になる頃には，イギリスの医師であるリチャード・ムルキャスターが，落胆した状態や風邪を引いた人に対し，最も効果のある薬として「笑い」を処方していたことが知られている。また1700年代には，フランスの哲

＊　近藤［2002］197頁。ヒポクラテスは当時の人としては珍しく85歳まで生きた。

学者ボルテアが「私たちが自然に療養を任せる間，患者を楽しませることが薬としての芸術である」と述べるなど，「笑い療法」が密かながらも定評を獲得するようになった（メーリン，E. & オールセン，R.B. 著／東翔会監訳［2003］165頁）。

いずれにしても「笑い療法」を揺るぎないものにした人物と言えば，誰を差し置いても，ノーマン・カズンズ（Norman Cousins, アメリカ，1915-1990）を挙げなければならない（井上宏他［1997］124頁）。ジャーナリストであった彼をして「笑い療法の父」と呼ばれるに至らしめた著書『笑いと治癒力』（*Anatomy of an Illness as Perceived by the Patient*, 1979, W.W. Norton & Company Inc. 松田銑訳，岩波書店，1996）には，自らの体験が記されている。概略を紹介しておこう。

カズンズは49歳の時，海外旅行から帰国してまもなく発熱。首・手足が麻痺する症状が出て，硬直性脊椎炎(せきつい)と診断された。*処方された薬と相性が悪いと感じた彼は，自分で（希望・自信・信頼など）プラスの気分になれるビデオなどを見て，できるだけ大声で笑う「笑いによる治療」を開始した。同時にビタミンCを大量に摂取したところ数ヵ月後に，病状が快癒(かいゆ)し，仕事へ復帰できるまでになったのである（井上弘幸［2003］158頁）。

奇くしくもカズンズは，この驚くべき復活の後に，心筋梗塞に襲われ，再度の緊急入院を余儀なくされた。しかしその時にも，バイパス手術を受ける代わりに笑い療法を行って病状を克服した，という快挙を果たしている（昇幹夫「笑いの医学的考察」『笑い学研究』1号，1994，28頁）。

二度の奇跡を招き寄せた彼の稀有な体験は，笑い療法の実証というより，彼が不死身に近い強靭な体質の持ち主であったことの実証になりかねない。だとすると超人である彼の異例を，世間一般に押し並べて語ってよいのだろうか，疑問が残された形となった。

その笑い療法たるや信憑性(しんぴょうせい)を高めたのが，実は日本人医師であった。1995

---

* 自己抗体（自分の細胞組織を誤って攻撃する）ができて発症する膠原病の一種。ストレスが原因のひとつと考えられており，病状が進むと歩行も困難になる（生田［2004］158頁）。

年，日本医科大学リウマチ科の吉野槇一医師らが，慢性関節リウマチに笑いが効くことを突き止めたのである。

リウマチは，関節が破壊されるとともに激しい痛みとなって表出するが，現時点では「原因不明」の部分が大きい。そのために決定的な治療法はなく，薬の処方や温熱によって痛みと炎症を抑える対処療法を取っている病気である。

吉野医師らは，中程度から重症の女性リウマチ患者26人（平均57.7歳）に，1時間ほど落語を聞いてもらい，その前後で，それぞれ採血を試みた。すると，落語を聞いた後に，患者全員の痛みの症状が緩和されていた（井上宏他［1997］120頁）。このことから患者にとって楽しいと感じられる笑いが，神経・免疫・内分泌系の乱れたバランスを調整し，鎮痛作用や抵抗力の強化など，体の機能を正常に戻す働きを円滑にする，との結論を導いたのである。*

吉野医師らは，この発見を日本の学会で報告したが，周囲から不信と批判を受けるに留まった。そこで世界的権威であるリウマチ専門誌『ジャーナル・オブ・リウマトロジー』（*Journal of Rheumatology*）に発表したところ，大反響で迎えられた（吉野［2003］82頁）。カズンズが提唱し，吉野医師らによって裏付けられた笑い療法はこうして，やっと公認されたのである。

脳の嬉しい勘違い

笑いにとって，中心的な役割を果たす脳の部位は3ヵ所ある。それらは，感情の中核たる大脳辺縁系，快感の中枢たる視床下部，意志や理性の中枢たる大脳新皮質である。もう少し砕いて説明しよう。

大脳辺縁系は，主として顔の表情を司る。視床下部は血圧や心臓の拍動，呼吸の変化など，身体の変化を指揮する。そして大脳新皮質は「ここで笑うべからず」や「ここで愛想笑いをすべし」といった理解・判断を行う（森下［2003］32頁）。それぞれが役割を分担したかと思えば協力し合って，笑いを作り出している。

---

* 吉野［2003］100頁。吉野医師らは，1997年，1998年，2003年にも同様の実験を行っている。

私たちにとって好都合なのは，大脳や視床下部が，本物の笑いであるか，それとも作為的な笑いであるかを，区別できないことである。そのお蔭で，私たちは笑うマネをしている（笑う時に起こる身体反応をしている）だけで，本当に楽しい気分になれるのである（橋元慶男「カウンセリングにおける笑いの効用」『笑い学研究』8号，2001，17頁）。

　特に顔面の表情に興味を持ったザイアンス（Robert B. Zajonc，アメリカの心理学者，1923-現在）は1985年，笑うときの表情筋と楽しさの因果関係を，以下のように立証した。

人は笑った表情を作ると，頬の筋肉が収縮される。[*]
すると脳から静脈を通って心臓へ返る血液の流れがせき止められる。
その結果，冷たい血液で脳が冷やされる。
脳は冷やされると快感を覚えるため，楽しいと感じる（近藤［2002］171頁）。

　「笑うから楽しくなる」は，現代の医学界で周知の事実と言えるだろう（100頁参照；メーリン，E. & オールセン，R.B. 著／東翔会監訳［2003］168頁）。実際に，箸でもボールペンでも，何か細い棒を横にして銜え，口の両端を大きく裂けたように広げる。そのままで1分間保持すると，なぜか胸の中から笑いがこみ上げるなど，楽しい気分になってくる。逆に棒を縦にし口をすぼめて（とがらせて）咥えた状態で1分間保持すると，心が次第に暗く，落ち込んでいくのを体感できる（加瀬［2003］44頁）。

　そう言えば，くだらないと感じる授業や会議で，眼をつぶって寝たふりをしているうちに，本当に寝込んでしまうのも，同様の作用による仕業であろうか。だとすれば次回，眠気の襲来を受けそうな時は，あらかじめ用意しておいた細い棒を横に咥えてみよう。それは恐らく周囲の人にとっては目を覆いたくなる（即ち，眠りを誘う）景観になろうが，本人だけは晴れやかな気分に見舞われるに違いない。

---

[*] 表情筋とよばれる大頬骨筋・眼輪筋・口輪筋・皺眉筋などの痙攣や収縮が起きて，脳に伝達される（森下［2003］30頁）。

免疫学とホルモン学と神経学と

　免疫学の分野でも，笑いとの関係については実証済みである。良く知られている例は，笑ったグループと普通にしていたグループの人の血液を，それぞれ検査してみると，笑ったグループにいる人のNK細胞数が増加する，というものである（156頁参照；柏木［2001］125頁）。

　NKとは，ナチュラル・キラー（natural killer，天然の殺し屋）のイニシャルで，体内でがんの細胞膜を食いちぎるように破壊してくれるリンパ球の一部である（井上宏他［1997］153頁）。肉体的・精神的ストレスのレベルが上がるとNK細胞の活性レベルが下がることから，免疫能を示す一つの指標となっている（西田元彦・大西憲和「笑いとNK細胞活性の変化について」『笑い学研究』8号，2001，29頁）。

　免疫グロブリンA（immunoglobulin A）も，笑いとともに増加する。免疫グロブリンAは，呼吸器や消化器から分泌される体液及び唾液の中に含まれている免疫物質であり，侵入してきた病原菌やウィルスなどの抗原アンチゲンと結合して，それらの侵入を食い止める働きがある。身近な例を用いるならば，風邪対策に予防注射を受けるのもよいが，笑っているだけでも結構な菌やウィルスの抑止になる，と言える（森下［2003］70頁）。

　一方，ホルモン物質であるβ-エンドルフィン（β endorphin）も，笑いに比例して増える。エンドルフィンは人間が夢や希望を持つなど，ハッピーな気持ちでいる時に脳内で分泌される，いわゆる「内因性モルヒネ」である。しかも（麻薬のように）覿面な鎮痛効果を持ち，かつまた免疫細胞を活性化させることで，若さを保つ。だとすれば，どうせ一発打ち込むならば非合法薬物（外因性モルヒネ）よりは，笑い（内因性モルヒネ）の方が無害有益であろう。[*]

　ホルモン物質の中には，笑うと減少するものもある。一例としてコルチゾールは，気分が鬱になった時に，血液中に蓄積して体をだるくさせるホルモンであるが，これが笑うほどに減ってくれるのだ。

---

[*] 内生（エンド）とモルヒネ（ルフィン）を繋いで作られた言葉である（井上宏他［1997］154頁）。

神経学も，笑いと密接な関係にある。笑って息を吸うと，最初は交感神経系が働くが「ハッハッハ」と息を吐いていくうちに，次第に副交感神経が働く（角辻豊「笑いと人類文明」『笑い学研究』8号，2001，69頁）。

念のために交感神経とは，緊張の神経であり，これが興奮して優位になると心臓の働きが盛んになり血圧が上がる。対して副交感神経とは脱緊張の神経であり，これが興奮して優位になると心臓の働きが弱まり，リラックス体制に入る（生田［2004］41頁）。例えば，試験前に笑っていれば緊張が解れる。よって実力を発揮できる（近藤［2002］176頁）。手の平に「人」と3回書いて，それを飲み込む御まじないよりは信憑性が高いだろう。

笑っているだけで免疫力が上がり，体に良いホルモンが分泌され，しかも精神的にリラックスできるとは，まるで「嘘のような本当の話」である。「百利あって一害なし」「恐るべし笑いの力」である。但しこの朗報を聞きつけた私たちが，いくら素晴らしいからと言って「無理矢理にでも」笑おうとする傾向にあるのは，如何なものだろうか。

健康が膾炙されているのは，大変宜しいことである。しかし「健康のためなら死んでもよい」というぐらいの，目標と手段の倒錯現象が見られるのは，玉に瑕である。健康を自己目的化せず，心底笑っていたいものである（柴田博［2003］110頁）。

ユーモア・セラピー

海外にはユーモア・セラピー（humor therapy，笑いやユーモアを用いる治療法）を積極的に取り入れている病院及び施設がある。[*] 1982年に開催された笑い療法研究会（第1回）では，アメリカのデューク大学病院（ノースカロライナ州）が，ユーモア・ルーム（笑いの間）を設置している事例が紹介された。この部屋には，コメディ映画・ジョークの本・変装グッズ・手品用品などが準備されており，医師や看護師がそれらを患者の病状改善や治療のために利用して

---

[*] 米国ユーモア・セラピー学会もある（柏木［2001］10頁）。

いる（伊藤実喜「笑いと健康：マジック療法」『笑い学研究』7号，2000，75頁）。オーストラリアでも1995年に初めて，モウルヤ病院（ニューサウス・ウェールズ州）に「笑いの間」が開かれてい以来，患者にとっての院内オアシスとなっている（北村元［2003］4頁）。

オランダでは1992年，クリニクラウン財団が設立される運びとなった。クリニクラウン（ケアリング・クラウン）とは，病室のベッドサイドに赴く臨床道化師の意味で，今では多くの病院で，彼らを受け入れる体制が整えられている。

近年になり日本でも，ユーモア・セラピーの試みが始められている。と言うよりは，それらは古くからある大道芸にひとひねりを加えた大道芸療法で，例えば芸人が，誰もが知っている懐かしい民謡を歌って踊りながら，病室を訪れたり施設を練り歩く。または皿回し・傘回し・竹馬・紙切り・ジャグリング（西洋式お手玉）・バルーンアート（風船で色々な形を作る）などの技を，コミカルに演じる道化師が部屋を訪問する形式となっている。*

今後，注目に値するのは，アフィニティ・プログラムであろう。それとは病院が，健康・医療関連のサービスだけに終始せず，地域の住民を対象として自己啓発に繋がるイベントを提供するなど総合的な企画（一種の会員制クラブ）であり，全米では既に850の先例がある（新谷文夫編［2003］50，54頁）。

これからの病院は，最新の医療機器が完備されている・いない，というレベルを超えて，どこまで来院者に寄り沿った配慮ができるか，によって相違が問われることになる（遠藤［2003］47頁）。病院は今まさに，調子が悪い時に行く場所から，日常になくてはならないニッチへと様変わりしている。

そう言えば，ロビン・ウィリアムズ（Robin Williams，アメリカの俳優，1952-現在）が主演した「パッチ・アダムス」（Patch Adams）という映画をご存知だろうか。この作品は，治療に笑いを取り入れる重要性を痛感したパッチ氏が，**

---

* 大道芸を，訪問介護の形式と合体させた「訪問大道芸」（家まで訪問して芸を披露する）も生み出されている（武山峯久「落語は丁稚の耳学問」『笑い学研究』9号，2002，61頁）。
** パッチには直す・繕うの意味がある。自ら心の病いに苦しんだ経験を持つ，実在する精神科医（本名：ハンター・アダムス）をモデルとしている（http://www.patchadams.org/）。

道化医師となって患者に向き合う話である。

　驚くべきは、パッチ氏の目指していたのが『赤ひげ』だったことである。赤ひげは、山本周五郎の小説を、黒沢明が映画化した（1965年）中に甦った医師である。時代は幕末、場所は江戸。小石川養生所を舞台として、己を投げ出して貧民のために笑顔と誠意を尽くした所長医師の通称が、赤ひげであった (http://mayme.net/dvd/data/0225.htm)。

　それにしても、西洋におけるクリニクラウンが、日本の伝統的大道芸（ストリート・パフォーマンス）に一脈通じ、パッチ・アダムスのボランティア精神が赤ひげ魂のリメイクであった、とは新しい発見である。私たちは、日本古来の芸能と志（こころざし）を、もっと誇りに感じて良いのだろう。

笑いに関わる病

　何らかの原因で変調をきたした人体に、笑いが引き起こされることがある。この症状は、どれも「病いの為（な）せる笑い」なのであるが、そのことを私たちが知らないために、誤解を招いているケースが多い。例を挙げて、話をしておく必要がある。

　まず統合失調症の人には、空笑が見られる。これはしばしば、患者が幻聴に答えて「ニヤッ」や「ウフフ」と一人で笑う形となって表出する。彼らの笑いの動機は、合理的な理由に基づかないため、周囲の人にとってはせいぜい不気味として感受されている。

　また多幸症・認知症などの脳疾患があっても、非合理的な笑いが起こる。これらの病気に患（わずら）わされると、大きな物音など、通常であればおかしいとは思えないような原因・理由をきっかけとして笑い出してしまうことがある。ただし内容に乏しい、薄っぺらな爽快気分であるために、徐（おもむろ）に不機嫌へと豹変する時もあり、周囲の人々を少なからずたじろがせている (http://www.hsawarabi.com/minna01.htm)。

　多発性硬化症（MS, multiple sclerosis）や筋萎縮性側索硬化症（ALS, amyotrophic lateral sclerosis）の患者も、まるでスイッチが入力されたかのように、突然と

して些細なおかしさに反応する（岩瀬真生・角辻豊「科学が明かす笑いと健康—笑いと脳」『笑い学研究』9号，2002，98頁）。一端この症状に陥ると，強い笑いから中枢神経に障害が生じて，呼吸筋や喉の筋肉のコントロールができなくなるほど笑ってしまう場合もある。*

　私たちにとって身近な病症である，てんかんでも笑いの発作が誘導される。たわいのないことで笑い転げる笑い上戸も，正常の域から食(は)み出す程度になれば，病的とカウントするよりない。

　また「箸が転んでもおかしい」という表現がある通り，思春期の女性が（体液やホルモンを活発に分泌するために）良く笑うのも，異常と言われてみれば，なかなかそうである。だとすればシニアが笑った拍子に（尿道括約筋(かつやくきん)がリラックスし過ぎて）失禁することも，笑いに纏わる病状と呼べるだろう（メーリン，E. & オールセン, R.B. 著／東翔会監訳［2003］167頁）。

きのことガスによる笑い

　きのこやガスにも，笑いを病的に亢進させる作用がある。中でもワライタケ（ヒトヨタケ科）は，摂食すると毒成分のシロシビンやシロシンが中枢神経に働いて，酒に酔ったような派手な気分や幻覚・幻聴を引き起こす。ひょろっとした形状のそれらは，6〜10月頃，牛馬の糞や畑の堆肥(たいひ)に生える。高さは10センチほどで，丸くて灰色の笠(かさ)（直径3〜4センチ）を持つ，憎みきれない毒きのこである（福井栄一「笑えない話」『笑い学研究』8号，2001，143頁）。

　ワライタケを凌(しの)ぐ毒性を持つのが，オオワライタケ（フウセンタケ科）である。オオワライタケは笠が直径10センチ，高さは15センチ程で，全体に黄金色をしている。8〜10月頃，ミズナラなどの広葉樹やマツなどの針葉樹の根株付近に生えるが，一口噛(き)んだだけでしびれを来たす。誤食しようものなら，イボテン酸が中枢神経に作用して，食後20分ほどで幻覚を見て笑いまくり，踊り出す。人によっては死に至るため，くれぐれも口にすることのないように留

---

* http://www.h2.dion.ne.jp/~makibo/Q&A.htm. 笑うだけではなく，泣くことのコントロールもできなくなる。

意したい（福井『笑い学研究』8号，144頁）。

　笑気ガス（亜酸化窒素，dinitrogen monoxide）も，その名の通り，笑いを誘い出す。笑気ガスは通常，上部が青，下部が灰色に塗り分けられたボンベに込められており，歯科治療などで人為的に低濃度のものが用いられている。鼻から吸入すると知覚が鈍磨・リラックスするので眠気が出るが，寝てしまうことはない。かすかに甘い香りがあり，体が浮遊感を覚えて，微笑ましい気分になれる（同上書，143頁）。

　また実は，極日常的な笑いにも，大変な危険が潜んでいる。例えば度が過ぎた笑いを止められずに，息を吐くだけで吸えない状態が継続すれば，酸素不足による意識不明に陥る（中村明［2002］5頁）。（複数の子どもがふざけて，ある一人をくすぐっていたら，失神してしまうことがあるが，こういう訳である。）笑い過ぎによる窒息状態が更に長引けば，笑死に至るだろう。

　笑死？　それは確か，私たちの望むところではなかっただろうか。あと10年もすれば，進化し続ける医学のお蔭（所為）で，折角認知症になっても直ぐ治されたり，やっとがんになってもなかなか死ねないなど，死ぬことが容易ではなくなる。* そのような時代に，呼吸困難や血流異常に至るまで笑って執行できる「笑死」は，却って有難い死に方になるだろう。

　どうせ誰にでも，もれなく訪れる最期なら，病死より狂死より憤死より，笑死で迎えたい。ぽっくり死，ピンコロ死，腹上（下）死も捨てがたいが，何にもまして笑っているうちに，うっかり死んでしまえるならば，正しく天にも上る想いである。

第14課：学習としての笑い

人生に問われる能力

　ビネー（Alfred Binet，フランスの心理学者，1857-1911）によってIQ（intelli-

---

* 禿げていられるのも10年限り，との噂である（昇［2000］12頁）。

gence quotient）と呼ばれる，ひとつの知能指数が生み出されたのは，1905年のことであった。そして百年の歳月を経た現在，新たに共感的理解力・状況判断力・ストレス対処力など，自分の感情に押し流されるのではなく，それのバランスを保てる能力が問われるようになった（日本ケアフィットサービス協会［2004］6頁）。人としての能力を測る指針が，IQからEQ（対人関係の上手さや精神の安定を図る情動指数，emotional quotient）やPQ（前頭連合野がもたらすヒトをヒトたらしめる社会知性指数，prefrontal quotient）へ，移り変わったことになる。＊

　更に今後，未だかつてない程厳しく問われるであろう能力が，二つある。ひとつ目は，即時対応能力（インプロビゼーション，improvisation）である。

　即時対応能力（その場に臨んで最適な判断・対応ができる能力）を評価する動きは，近時になって海外から入ってきたと思われがちであるが，実は古くから日本でも頓知や当意即妙と呼ばれて，一目置かれていた（織田正吉・野村雅昭・笑福亭仁智・長島平洋「検証シンポジウム『小咄＝ジョーク学』」『笑い学研究』7号，2000，108頁）。頓知の頓は「すぐさま」の意で，頭の回転が速い知恵や，間髪を入れずにアドリブを効かせられる能力を，日本人は昔から見初めていたのである。

　何事に対しても，十分な時間をかけられれば多くの人が上手く対応できる。交通事故さえ，スローモーションで起こってくれれば，ハンドルを適宜に切り返して事故を回避できる。しかし願う通りには事が進まないのが世の常であり，だからこそその場に及んで実力を発揮できることに真価がある。

　もうひとつの能力については，今さら繰り返す必要もないだろう。EQ・PQ・即時対応能力に加えて，ユーモアを自在に操作できる能力を駆使し，人生のポイントを稼ぐ。そんな時代の幕が，切って落とされたところである。

＊ PQはPotentiality Quotient（潜在能力指数）と解されることもある（福井直秀［2002］13頁）。

教室が番組になる!?

「金八先生」や「ごくせん」などテレビ番組では，教員や生徒が主人公になる，いわゆる「学園もの」が制作されている。これらは学校を舞台とする感動と情熱の物語でありながら，可笑(おか)しな理事長や教頭の存在も含めて，コメディタッチに描かれていることが多い。

また「世界一受けたい授業」や「さんま大教授」など，教室の雰囲気を収録スタジオに再現したり，クイズ形式を利用して進行する学習・娯楽番組も多い。これらの番組を視聴して育った子どもにとって，学びとユーモアは一体として受け止められているに違いない。

「テレビの真似をせよ」と言うつもりはない。しかし子どもが，無意識のうちに，先生にもタレントのような，個性や面白さを期待し，そして自分の通う学校でも楽しく学びたいと欲してしまうのは，無理からぬことであろう。

このような子どもの要望を，「ふざけるな」「甘やかすな」と考える教員がいるとしたら，その人は時代の趨勢からもニーズからも，取り残されていると言わざるをえない。もしかしたら，そのような要望には，到底答えられそうにないので「できない」と誤る代わりに，怒って見せているのかも知れない。

しかも現実問題として，憤懣(ふんまん)に翻弄されているだけでは，解決への道は開けない。何とかして子どもが楽しめる学習を思いつかなければ，と考えていると浮かんで来るのは，教員がクリニクラウン（161頁参照）ならぬ，クラウン・ティチャーズになる可能性である。

残酷に聞こえるかもしれないが，教員が科目さえ教えていればよい時代の期限は，とうに切れてしまった（上条編［2003］47頁）。今，教員に求められているのは「教室のエンターテイナー」になる覚悟ではないだろうか。

そもそも先生が，授業が，学校が楽しくて，何処か具合が悪いだろうか。「笑い溢れる授業をしてはいけない」と，校則にも書かれていない（有田［2003］61頁）。ならばできるだけ楽しい授業を創作するまでであろう。

「押してもだめなら引いてみろ」と古くから言われるように，「退屈させる」やり方が通用しなかったのだから，その変わりに「笑わせる」策を講じてみよ

う。授業に対する嫌気や眠気を催させるより，笑いを催させてみよう。いや生徒を「笑わせる」などと，威張らなくて良い。生徒に「笑ってもらう」のである。

　笑いが取り付く島のない教室から，笑いのこだまが振動する教室へ。教師と生徒が，同じ事象に笑う共犯意識で繋がれば，クラスが同志となって結束できる（堂本［2002］97頁）。そしてそんな「一回限り」や「通りすがり」の関係ではない，団結力を持つ教室は，退屈ささえ面白さへ変える笑いの温床になれるだろう。

教室で使えるユーモア・グッズ

　もともと子どもは，何を見ても聞いても面白がる力を持っている。だから誰かが，失敗でも仕出かそうものなら，彼らにとっては絶好の「ねた」になる（増田［2002］16頁）。

　また何処の学校にも，決まって学校隠語（スクール・スラング）が開発されている。それらは，生徒にあだ名を付けたり先生のくせをまねるなど，学外の人には通じない分，学内の連帯感を強化する符牒（ふちょう）となっている（外山［2003］44頁）。

　学校で過ごす年月を通じて，子どもたちの些細なことでも楽しむ感性に磨きをかけられれば，彼らのその後の人生はより豊かになるだろう。そう思えば，教員は笑いの「ねた」にされても悲しむどころか，喜んでいられる。子どもが笑いを取れるように回りこむ教室の「突っ込み」役にも，安心して徹することができる（上条編［2000］89頁）。

　その際には，教室を盛り上げるのに大いに役に立つユーモア・グッズを用意しておこう。例えばボイス・チェンジや，各種の効果音が出せる機能が付いているパーティ・マイクは，優れものである。教員が，故意に「本日は○○さんの△△パーティにお集まりいただき有難うございました」などとアナウンサー調に話をすれば，常ならぬ雰囲気を醸し出せる。[*]

---

[*] 上条編［2003］26, 99頁。百円ショップも，要チェック・ポイントである。

また，回答者が押すと正解や誤答のサインを出すタッチ・ボタン式の装置（ピンポン・ブー）や，座るとおなら音が出るクッションなども授業の助っ人になる。これらは，知的好奇心を刺激する教育雑貨を取り扱っているショップ（「東急ハンズ」や「王様のアイディア」「ザ・スタディールーム」など）で購入できるので常備しておきたい（上条編［2003］98頁）。

楽しい授業の始まり始まり

子どもが，やがては「ユーモアの達人」になれるように，幼少の頃から面白い授業の場数を踏んでおく必要がある（毎日新聞，2004年12月29日）。手始めに，どのような授業が構成できるか考えてみよう。

まずは，新学年を迎えて初めて出会うクラスメイトが自己紹介をする時に，工夫が凝らせる。例えば声や手を使わずに，口の動き（口パク）を読み取って，お互いの名前や誕生日を推測し合う，などは如何だろうか（上条編 前掲書，64頁）。引っ込みじゃんや人見知りがちの子どもも夢中になるうちに，級友との距離を縮められそうである。

ついでに教員が「名前」に関連する，面白い小話などを幾つかおり混ぜられれば，更に場が和むだろう。実際に，水田まり（水溜り），小田マリ（お黙り），原マキ（腹巻），佐藤俊夫（砂糖と塩），榎田恵（エノキダケイ）など，ユーモラスな名前が沢山ある。皇太子妃の「おわだまさこ」さまと，秋篠宮妃の「かわしまきこ」さまを交互に（①〜⑥，❶〜❻の順で）読むと，二人が同じ名前になるという特ダネも，このような機会に披露しておこう。*

名前は，語学にも関連づけられる。例えば譲二（George，ジョージ），健（Ken，ケン），茉莉（Mary，メリー），純（Jane，ジェイン）など，日本語と英語で両用できる名前の知人・ペット・組織について，皆で思いつくまま挙げてみる。また広島カープス（carps，鯉），シカゴ・ブルス（bulls，雄牛）など，スポーツチームに因む動物についても，幾つか挙げてみれば，気張らずに英単

＊ 昇選［2003a］120，202頁。「近藤！向かって来い！」と叫んだつもりが「コンドーム買ってこい！」に聞こえたなど，性教育にも名前絡みのジョークが使える。

語を覚えられる。

　名前を使ってウォーミングアップをした後は，言葉遊びができる。一例としては，ある言葉から連想するオノマトペア（onomatopoeia）を，リズムに乗せて順番に言い合うゲームがある。

　オノマトペアには，雨がざあざあ降る（擬音語），シクシク泣く（擬声語），きょろきょろ見る（擬容語，主に体の動きを表す），クヨクヨ悩む（擬情語，主に心の情態を表す）など多彩な表現がある（小島監修［2003］233頁）。比較的幼少な子どもであれば，カメラ→カシャカシャ，クルマ→ブウブウ，ウサギ→ピョンピョンなど，適切につなげられれば正解(クリア)とする。仮に，不適切な接続であっても，それが却って笑いを呼ぶ場合もあるので，大歓迎できる。＊

　言葉遊びと言えば，「口を動かすゲーム」としての，早口言葉は欠かせない。「カレーライス・カレーライフ・カレーアイス」や「シャンソン歌手が手術室で果実酒と果実酢を飲んだ」など，皆で言いづらい言葉を探して，オリジナルの早口言葉を作る（上条編［2003］84, 86頁）。実際に言う練習をする時に，上手く言えない人の方が注目と爆笑を集めて「美味しい負け」を味わえるだろう。

　口の体操の次は，体全体を使う活動に取り組もう。例えば，ひとりが自分の頭を鉛筆の先と想定し，頭を使って「頭」という文字を書く。そして，それを皆で何と言う字だったのか当てる。頭を使う代わりに，尻を使って書いても良い。

　漢字を覚える作業は孤独なルーティンになりがちであるが，教室に和気あいあいのムードを保てれば倦怠感を軽減できる。また活動と結びつけることで，漢字に対する印象が深まり，子どもの記憶に留まりやすい。ついでに彼らの体現(ジェスチャー)能力も鍛えられる，というメリットがある。

授業でユーモア詩を作る

　ユーモアの能力に益々の磨きをかけるべく，詩の創作活動ができる。まず皆

＊　ちなみに英語に関連つけると，犬―bow-wow，猫―meow，鐘―ding-dong，時計（の針）―tick-tack などのオノマトペアが学べる（小林薫［2003］79頁）。

に詩を書いてもらい，その後で何箇所かをアレンジして面白い詩に変えられるよう，いろいろな案を出し合う。実際の授業で，ユーモア詩を作ったクラス（小学4年）の作品を紹介しておく。

　　　　お嫁さん　寺園晃一郎（増田編［2003］10頁）
ぼくは，やさしいお嫁さんをもらいます。
友達とお酒を飲みに行った時
こわいお嫁さんは
「今まで何やってたの。早く風呂に入って寝なさい」
と言うけど，
やさしいお嫁さんなら
「早く寝なさい」
だけですむからです。
あと，給料が少なかったら
こわいお嫁さんは
「＿＿＿＿＿＿＿＿。」
と言うけど
やさしいお嫁さんなら
「あら，少なかったのね」
だけですむからです。
あと，うるさいお嫁さんと
文句を言うお嫁さんもほしくないです。
うるさいのと文句を言う女は
＿＿＿＿＿＿＿＿＿＿＿＿＿＿＿。

　2ヵ所あるブランクへ，新たに挿入する文章をめぐっては，お母さんの面目はお構いなしに，子どもならではの際限のないアイディアが百出するだろう。ちなみにオリジナルの詩には，「給料が少ないからおこづかい減らす」と「お母さんだけで充分です」が入る。

授業でパロディとサタイアに挑む
　有名な短歌の「パロディ版」に取り組んでいるクラス（中学3年）もある。

生徒が短歌を利用することで，限られた言葉（31文字）で物事の核心を端的に表現する力が養成できる。加えてパロディを作ろうとして，語感に通常以上の意識を持てるようになる効果がある（福井新聞，2005年1月10日）。実例を紹介しておきたい。

「たのしみは　朝おきいでて　昨日まで　無かりし花の　咲ける見る時」は，幕末の歌人　橘　曙覧（たちばなのあけみ）（1812-1868）の代表作である。この歌の「たのしみは…」を引き継ぎ，しかも「…時」で終わりながら，中間部分をもじって面白味を出す課題が出されたところ，次のような秀作が生み出された。

「たのしみは　おなかがすいた　4時間目　次は給食　チャイムを待つ時」
「たのしみは　頭ひねって　考えて　出来た作品　ほめられた時」

パロディから更に進んで，サタイアに富む作品作りにも挑戦してみよう。実際に，「虫歯予防デー」（6月4日）の活動として書かれた，見事にシニカルな詩（小学2年）があるので紹介する。「虫歯になる方法」というタイトルであるが，読んでいくうちに「虫歯にならない方法」が良くわかる仕掛けになっている（有田［2004］103頁）。

　　　　虫歯になる方法
　皆さん，虫歯になる方法をお教えしましょう。
　まずは甘いお菓子をたらふく食べます。
　次に歯を磨かずに，5時間くらいいましょう。
　もしここで歯を磨いたら，もう一かんの終わり。
　折角ついた大切な虫歯の菌が流されてしまいます。
　必ず，そのままにした方がいいのです。
　決して歯を磨いてはいけません。
　それから，このことを歯医者に教えたり，歯医者に行ったりしても，
　一かんの終わりです。
　それで，甘いジュースも，お腹を壊すまで飲みましょう。
　ビックリマンチョコなんて（シールが集まるから）いいですよ。
　虫歯が一遍にできます。
　もし，違う学校の友達に会ったら，この方法を教えてあげて下さい。

会社ともつかない学校

　上述してきた通り、ユーモアに富む学習活動が、学校で行われ始めている。しかしそれでも日本の学校は、欧米に比べて「性」や「死」に関する学習と同様に、「笑」に関する学習も出遅れている、と言わざるをえない。

　そこで早い年齢から、あくまでも自然な形で、ユーモアに慣れ親しみながら、ユーモアを使いこなす訓練を積んでいるアメリカの様子を見ておこう。最も一般的なところでは、ドリンクを飲みながら座り読みができる本屋さんに、子ども向けのなぞなぞ・ジョーク・駄洒落などの書物が豊富に並んでいるのを見かける。それらの中を捲ってみると、解答を言われてみれば「なあんだあ」と思い当たる程度のユーモアで、ブレーンストーミングができるようになっている。

　Why can't bicycle stand up ?　（なぜ自転車は立っていられないの？）
　Because it's two-tyred/too tired.（二輪で疲れ過ぎているから。）（丸山［2002］170頁）

　Where does Friday come before Tuesday ?（火曜日の前に金曜日がくるのは、どこ？）
　In the dictionary.　　　　　　　　　　（辞書の中で。）（同上書、171頁）

　また注目に値する存在として、スクールのようなカンパニーがある。好例となるのは、大学生以上を対象とするアカウンティング・ゲーム社であり、当社では、平均的な大学より数段高い授業料を求める代わりに、学生に二つの約束をしている。ひとつ、楽しみながら学べる、ふたつ、通常なら数週間かかる（例えば簿記の）勉強を1日で理解できる、である（シーゲル、R. & ラクロワ、D. 著／林・丸山訳［2002］46頁）。

　日本でも今後「楽しく学べる、しかも短期間で」をモットーとする、会社ともつかない学校が増えるだろう。と言うよりは、それが教育機関の新潮流となっていくのだろう。

　だとすると学校（大学）が、従来通りの体（てい）で、やっていられる道理はなくなる。それらはユーモアと強くスクラムを組み、ユーモアによって生徒（学生）

の学習に対する意欲と学習効果を引き上げる組織へと，変わっていかざるをえない。21世紀に忌避できない，これこそが教育界の受けて立つ試練になるだろう。

第15課：ユーモアをユーモアで学ぶ実践

言語能力を駆使して遊ぶ

前課では主に，学校におけるユーモアを利用した学習活動（子ども対象）について紹介した。引き続いて，シニアが取り組める活動例についても，勘案していきたい。しかしその前に，子どもや若者とは別趣を持つシニアの特性について，改めて振り返っておく必要がある。

シニアであれば，身体能力の差が直ちに勝敗につがなる，知識の差が明らかに表出するような活動は，推奨できかねる。また「孫」や「配偶者」を持たないシニアがいるので，家族構成を伺うような設問も，芳しいとは言えない（今井［2002］7頁）。勿論テレビで放送されているような，俊足なお笑いを好まないシニアもいるに違いないので，それらを知っていることを前提とする活動も不適であろう。

シニアにとって，身体を素早く動かして反応する機能や，新しいことを記憶する機能が退行するのは，回避しがたい現実である。しかし嬉しいニュースは，言語機能のピークが70歳であること（柏木［2001］62頁）。だとすればこの秀逸なはたらきを，シニアの学習に活用しない法はないだろう。

実際，シニアの中には，古典文学に対する造詣の深い人，もしくはシニアになったらそれに親しんでみたい，と関心を寄せている人が多い。したがって，古典文学を何らかの形で活動に取り込めれば，シニアの学習意欲を喚起できそうである。

一例として，隠遁生活の中で自らの心情や世の無情を綴った鴨長明（1155？－1216）の『方丈記』（随筆，1212年）を利用してみよう。まずは，かの有名な冒頭部分（序文）を堪能する。そしてその格式を受け継ぎながらパロディ版を

つくる，とユーモア学習になる。

> オリジナル：「ゆく河の流れは絶えずして，しかも，もとの水にあらず。淀みに浮かぶうたかたは，かつ消え，かつ結びて，久しくとどまりたる例なし。世の中にある，人と栖と，またかくのごとし。」
> パロディ　：「ゆく金の流れは絶えずして，しかも元の金にあらず。懐に入るうたかたは，かつ消えかつ飛び出でて，久しくとどまりたる例なし。世の中にある名声と女と，またかくのごとし。」（太鼓持［2004］75頁）

　また，江戸時代を代表する歌人の一人である松尾芭蕉（1644-1694）の作品についても，おもしろバージョンを"捏造"する。例えば，『奥の細道』にあるプロローグは良く引き合いにも出される名文中の名文であり"捻ねる"相手として不足はないだろう（同上書，67頁）。

> オリジナル：「月日は百代の過客にして，行かふ年も又旅人也」
> パロディ　：「月日は利息の拡大にして，支払う人もまた大金なり」

　大正・昭和初期の詩人，且つ童話作家である宮沢賢治（1896-1933）の作品も，拝借させて頂こう。彼自身にとっても傑出作品となった『雨ニモマケズ』に，風刺を吹き込めるとなれば，シニアとして腕が鳴るところである。＊

> オリジナル：「雨にも負けず　風にも負けず　雪にも夏の暑さにも負けぬ丈夫なからだをもち　慾はなく　決して怒らず　いつも静かに笑っている」
> パロディ　：「イジメにも負けず　仲間はずれにも負けず　恐喝にも集団の暴行にも負けぬ　丈夫な体を持ち　諦めはなく　決して自殺せずいつも静かに生きている」（同上書，81頁）

　名文を迷文に変えようと窮する時に，長い人生経験がものを言う。どこにも修められずに，苦労や災難の数々を抱え持ってきたシニアが，それらをもし上手い具合にユーモアへ昇華できれば楽になれる。また若かりし頃に，周囲に迷惑をかけてしまったと自責の念を感じているシニアが，過去の悪態を転じてユーモアと成し，そのことで誰かに愉快を催せれば罪滅ぼしができるだろう。

＊ 賢治を巡っては，妹としこへの近親相姦感情があり，あの「妹」は我執として書かれたという説がある（新藤［2003］127頁）。

第4笑　シニア・ユーモリストが時代を啓く　175

かつての惨事ほど後々の笑話になるのは，人生の法則である。過去の自分が負った古傷を現在の自分が治癒しながら，人はやっと生きていけるのだろう。

パロディ精神を鍛える

俳人が詠んだ美しい旋律の俳句を，手前味噌にアレンジしてみるのも，おつな試みである。まずは，芭蕉（174頁参照）の作品に下手な味付けをして，パロディを創作してみよう。

オリジナル：「古池や　蛙(かはづ)飛び込む　水の音」
パロディ　：「腹ぺこや　噛まず呑み込む　食べる音」
オリジナル：「閑(しづか)かさや　岩にしみ入る　蝉の声」
パロディ　：「喧(やかま)しさや　頭にしみ入る　妻の声」（太鼓持［2004］67, 69頁）

四字熟語に，同じ発音で異なる意味の漢字（同音異義語）を入れ替えても傑作ができる。例として，保険会社大手である明治安田生命保険の「自救自足」（元々は「自給自足」）や，酒類・清涼飲料を手がけるサントリーの「彩食健美」（元々は「才色兼備」）などは，コマーシャルでも使われており，私たちの耳に馴染み深い。

諺にも，パロディが効く。「犬も歩けば棒に当たる」[*]を「犬も歩けば猫も歩く」へ（外山［2003］271頁），「ない袖は振れない」を「ない胸は揺れない」へ"改竄(かいざん)"したバージョンを，ご存知の方は多いだろう（清水［2001］118頁）。

シニア層からの賛同を得られることに狙いを定めたパロディ作品としては「一を聞いて十を忘れる」（一を聞いて十を知る），「笑う過度には小じわが増える」（笑うかどには福来る）（福井直秀［2002］55頁），「額から後頭部が抜ける」（目から鼻へ抜ける），などがある（太鼓持　前掲書，212頁）。「隣の客はよく柿食う客だ」を「となりのギャルはよくギャグ言うがきだ」へ変えると，滑舌(かつぜつ)の練習にもなる（http://www.age.ne.jp/x/warai/）。

---

[*] 本来は「でしゃばれば酷い目に会う」の意だが，「宛(あて)も無く歩いていたら幸運を掴んだ」と解している人が多い。

改作から自作へ

　改作も良いが，自作してみるのも一興であろう。シニアの皆さまも，ユーモア詩（170頁参照）に挑戦できる。

　但しシニアの中には，詩を書くことに対して「難しい」と身構えている人がいるようなので，スムースに取り掛かれる配慮をしたい。そこで前もって「思わず笑ってしまったお世辞・癖・勘違い」や「初恋」など，ラフな題材を提供しておく。もしくは詩の始まりを「今だから話せるようになりました」や「長生きしてみるもんだね」と，あらかじめ決めておき，この後へ自由に繋げてもらうようにする（増田編［2003］105頁）。

　もちろん「詩作では物足りない」と，感じるシニアもいるはずである。そのような人には，人生喜劇のライフ・ヒストリーを書下ろして頂こう。自分史を編成することは，自分の軌跡を，整理整頓して棚の上に乗せたり，引き出しにしまう行為になる。同時に，幼少期など，古き良き時代を思い出して追体験できる効果もある。

　実際に近年では，デジタル自分史を制作するシニアが増えている。本人・家族・友人にインタビューを行い，映像や音声をDVDやCD-ROMに残すなど，書籍とは違うこだわりを表現できるところが魅力となっているようだ。請負会社（映像会社）に委託してもよいが，デジカメ・ビデオ・コンピュータなどの家電を使って，自作自演すれば，その完成はもちろんのこと，製作過程までもが楽しみになるだろう（朝日新聞，2005年6月22日）。

　今時のシニアには，戦中や戦後の黎明期に，青春を過ごさざるをえなかった故の，壮絶な遣り残し感がある，と言われている。しでかした失敗に対する痛みが，年月と共に薄らぐ一方で，やり損ねた未練に対する黙しがたい片思いは，年を重ねるごとに募るばかりである。「不本意な場所に着地した」と言う以前に「自分はまだ一度も飛べていない」という埋火が，いくら消しても燃え残る。それはシニアが引き込まれたくないと願いながらも，吸い込まれてしまう自分の中のブラックホールなのかもしれない。

　人生をやり直すことはできないが，人生の忘れ物を取りに戻ることならでき

る。そして時の流れにさえ癒せなかった根深い慨嘆に、もし自分さえ得心できれば、決着を付けられる。

何時まで背負っていても一文の得にもならない悔恨であれば、シニアになれた暁に放り出してしまえば良いだろう。自分の人生を達観（客観視）できるシニア期は、自分史を書くのに最もふさわしい年代である。

ユーモア・スピーチ

詩や自分史など、書く活動の他に、スピーチができる。実際に「ユーモア・スピーチ」に取り組んでいる病院の例を紹介しておこう。

『生きがい療法でガンに克つ』（講談社、1988）の著者である伊丹仁朗医師が勤務する病院では、できるだけユーモラスな話をして参加者を笑わせる「生きがい療法学習会」が定期的に開かれている。参加者の持ち時間は原則、1人2分である。

皆の前で何か面白い話をする「宿題」をもらうと、自分の周辺でネタ探しをしようとして、患者の籠りがちだった心境が外へ向く。また時事的事象にも関心を持つようになる（昇［2000］66頁）。短いようで長い（長いようで短い）自分に与えられた2分間を、如何に使いこなすか、考えに考えたい気持ちになれる。

実際、世間を注意深く観察してみると、ドジやボケが生きた素材として動き回り、勘違いや早とちりが充溢している。しかもそれらが、収拾を付けられずに、転がったままで放置されていることに気づく。

好例としては、病院で「こじか」を探す親や、住宅展示場で「ゆかのあいだ」を連発する若い社員（昇選［2003a］139頁）。可愛がっていたペットを庭に弔って「○○の幕」と墓石に書いた芸能人など、漢字の読み間違えだけでも、面白い話には事欠かない。

またスピーチに参加すると、そのお蔭で、自分にとっての災いを話のネタへ転じられるようになる。例えば自販機の前で間違って、欲しい飲み物の隣のボタンを押して、絶対に飲みたくないものを出してしまった場合でも（阿川佐和

子ほか［2004］188頁),「いよいよ呆けてきた」と嘆く代わりに「次回話せる」と喜べるようになる。

当初は「自分にはスピーチをする話題などない」と焦ったり悩んだりしていた人が，日常に埋もれた面白い話を発掘して披露する喜びを見出している。そして気がつけば，これから新しく「何かをやらかそう」と企てるうちに，これまでの在り来たりのパターンから敢えて逸しようとする挑戦者になっている。

そして何よりも，ユーモア・スピーチの最大のメリットは，人前に出る機会が減り始めるシニアがスポット・ライトを浴びて，ステージに登壇できることであろう。紛れもなくそれは，シニアにユーストレス（eustress, 快ストレス）を与える貴重な経験となっている。

洒落と駄洒落で言葉遊び

「ユーモアのセンスに乏しい」と思い込んでいるシニアがいるとしたら，そのような方に最も相応しい活動は，（駄）洒落かもしれない。実際既に（駄）洒落をお得意とするオジさま族の存在があり「おやじギャグ」と呼ばれる分野が確立されている。

洒落及び駄洒落を言語学的に解説すると「同音異義語および類似音異義語の活用による語呂合わせの技法」になる。もっと平たく言えば「同じような音を用いて，そこに別の意味をつける」になる。洒落のうちでも下らない部類を指して，駄洒落という（織田正吉・野村雅昭・笑福亭仁智・長島平洋「検証シンポジウム『小咄＝ジョーク学』」『笑い学研究』7号，2000，105頁)。

同音異義語（同じ発音であるのに意味が違う言葉）を活用したものとしては，汚職事件（お食事券)，ソーセージ（双生児)，ロードショウ（労働省)，若返る（若蛙）などがある。類似音異義語（口調・抑揚・語呂が似ているのに意味が違う言葉）を利用したものとしては，何か用か（七日八日)，お疲れ様でした（カツカレーさまでした)，塵も積もれば山となる（ちり，もつ，レバー，山に盛る)，などがある（井上宏他［1997］174, 175, 178頁)。

類似音異義語が二ヵ国語に跨ると，例えば「有楽町で会いましょう」が

「You白鳥でⅠ鵞鳥(がちょう)」に似て聞こえることもある（フランクル, P. ［2002］201頁）。またいわゆる「づくしもの」と呼ばれる類似音異義語としては「そろそろ仕事も秋田県。失敗続きで大分県。みんなの机を福岡県。眼鏡をかけてもまだ三重県」などがある（相川［2002］149頁）。

　コンピュータによる変換ミス・ユーモアも、洒落のグループに入れて問題ないだろう。日本漢字能力検定協会が行った「変換ミス年間コンテスト」（2005年度、オンライン投票）では「500円でおやつ買わないと（親使わないと）」と「5季ぶり快勝（ゴキブリ解消）」がそれぞれ1位・2位に輝いた（http://www.kanken.or.jp/henkan/happyou.html）。また「紫陽花亭」という料理屋さんの広告が、変換ミスで「味最低」と印刷されてしまい、洒落にならなかったという話もある。

　こうなったら意外な人により、意外な所に収められている駄洒落詩も、紹介しておこう（米田恵子「ことば遊びにおける笑い：言語学的観点から」『笑い学研究』9号、2002、48頁）。

　　「たね」（谷川俊太郎［1981］)
　　ねたね　うたたね　ゆめみたね
　　ひだね　きえたね　しゃくのたね
　　またね　あしたね　つきよだね
　　なたね　まいたね　めがでたね

　　「くつ」（里美智子『さながら』1997)
　　だれもはきたくないくつ
　　卑屈・退屈・偏屈・窮屈
　　はきたいくつはくつろぎ……
　　不屈はどっちにいれましょうか。

（駄）洒落以外の言葉あそび

　仕事中や勤務中であれば、言葉を生硬(せいこう)に使わざるを得ない。しかし退職した身分であれば、思う存分くずして使って構わない。敢えて言葉の齟齬(そご)を愉しんでもよいでのである。

早速ながら，なぞ掛けと呼ばれる言葉遊びに挑戦してみよう。これは大喜利でよく行われている通り「…と掛けて…ととく，その心は？」というパターンに則る。* 好例としては「五月雨と掛けてイチローととく，その心は？よく降った（振った）」「アの字と掛けて心臓ととく，その心は？イ（胃）の上にある」などがある（森下［2003］59頁）。

　また，なぞ掛けとよく似ているものに，頓知がある（165頁参照）。頓知はまるで，なぞなぞに技を効かせたクイズ擬きの形式を取り，次のようなやりとりになる。

　　問　い：氷が溶けると水になる。雪が解けると何になるか？
　　ヒント：山の雪が解けるのは待ち遠しい。
　　答　え：春になる。
　　問　い：かもめは鳥類，クジラは哺乳類。では狸と狐は何類？
　　ヒント：哺乳類ではない。
　　答　え：めん類。

諺と熟語で楽習

　諺は，言葉遊びに「もってこい」の素材である。例えば，ひとつのキー・テーマを決めておいて，それに従って，知っている諺を挙げていくと，次のような諺のパレードができる（今井［2002］16頁）。

　　　　キー・テーマ：生き物
　（爬虫類—両性類）：蛇ににらまれた蛙
　（昆虫類—哺乳類）：蟻の熊野参り
　（甲殻類—魚類）：海老で鯛を釣る

　諺の他に，二字・四字熟語を利用することもできる。例えば，テーマを「石」として二字熟語を思い浮かべると「石頭」「石垣」などがある。「セキ」と読む場合で考え直すと「石炭」「宝石」がある。更に，四字熟語では「一石二鳥」「玉石混淆」が挙げられる。ついでに石の特徴・性質を酌む言葉を連想してみると「軽石」「要石」などを思いつく（福井［2002］87頁）。

＊大喜利とは，落語家の話に座布団の数で甲乙をつける，寄席最後の出しもの。

このように，一つの御題から関連する言葉を想起する言葉遊びは，思考を解(ほぐ)しながら，物のカテゴリーを見つける（分類する・統合する）訓練になる。柔軟な発想力・連想力を身に付けておけば，対話の中で相手に，面白い言葉で切り返しができるようになるだろう（若林一声［2004］80頁）。

もっとも最近では「大安吉日」を「大安売日」，「開口一番」を「サッポロ一番」，「餅は餅屋」を「餅はサトウの切り餅」だと，本気で信じている人がいるらしい。これはまたこれで，笑うしかない話である（近藤［2002］54頁）。

外国語でも楽習

言葉遊びを，外国語と関連づけても楽しめる。比較的「漢字に強い」であろうシニアには，中国語が取っ掛かりやすいのではないだろうか。

中国語で外来語を表現する方法は，通常二通りである。似たような意味の漢字を用いる意訳か，似たような発音の漢字を用いる音訳である。

「コンピュータ」が中国語では「電脳」と言われるのをご存知の方は多いであろうが，これは意訳に当たる。同類の語彙として，国際互連網（インターネット），主頁（ホームページ）などがある。*

一方，音訳の語としては，コカコーラ（可口可楽，ke kou ke le），ポカリスエット（宝砿力水得，bao kuang li shui de），チョコレート（巧克力糖，qiao ke li tang）などがある。食べ物ばかりではなく，国名や都市名にも発音重視のものが多い。クイズ形式にしてみると，結構面白いのではないだろうか（今井［2002］33頁）。

問：次の（A）～（E）の中国語を（1）～（5）の日本語にマッチさせてみましょう。

				解答
(A)	西班牙（xi ban ya）	(1)	デンマーク	A：(3)
(B)	羅馬（luo ma）	(2)	ベルギー	B：(4)
(C)	法蘭西（fa lan xi）	(3)	スペイン	C：(5)
(D)	丹麦（dan mai）	(4)	ローマ	D：(1)
(E)	比利時（bi li shi）	(5)	フランス	E：(2)

＊ フランクル，P.［2002］179頁。黒客（ハッカー，hei ke）は意訳かつ音訳である。

日本語で魚介類の名前をどう書くかは，すし屋の湯飲みでおなじみであるが，それらを中国語ではどう書くのだろうか。また日本語で海に住む動物は，平仮名やカタカナで書くことがしばしばであるが，中国語ではどう書くのだろうか。まとめてクイズ形式にしてみよう（フランケル，P.［2002］33頁）。

問：次の (A)〜(F) の中国語は，日本語ではどのような魚介類，もしくは海に住む動物を意味するのでしょうか。マッチさせてみましょう。　解答

(A)	海月	(1) いるか	A：(2)
(B)	海鼠	(2) くらげ	B：(4)
(C)	海星	(3) せいうち	C：(6)
(D)	海豹	(4) なまこ	D：(5)
(E)	海象	(5) あざらし	E：(3)
(F)	海豚	(6) ひとで	F：(1)

このように中国と日本は漢字を使う国でありながら，その使い方に微妙な差が生じている。良く引き合いに出される話として，手紙を書こうと思って，ホテルのカウンターで「手紙」と書いて見せたところ，トイレット・ペーパーを貰った，がある。日本でいう「手紙」は中国語で「便箋」であり，「手（に持つ）紙」は「便所紙」であるために起こった取り違えである。ミニ知識としてついでに学んでおけば，文化的理解が深まるだろう。

よりにもよって外国語同士が駄洒落（類似音異議語）に聞こえる場合もある。それは国を超えた偶然の一致であるが，私たちには面白みとして感受される。

例えば，フランス語で「お菓子を下さい」の意味のDonne-moi des gateaux（ドネムアデガットー）と言うと「どうもありがとう」に聞こえる。そしてその「ありがとう」の意味でmerci beaucoup（メルシボク）と言うと「貧しい僕」に聞こえる，という具合である。

英語では，Son of a bitch！（サンノブザベッチ）（「今畜生！」「くそったれ！」の意味）が「さなだビーチ」，What time is it now？（ウォッタイムイズイットナウ）（「今何時ですか」の意味）が「掘ったいもいじるな！」に聞こえる（友清理士［2001］194頁）。逆に日本語の「便箋と番号」がビンセント・バン・ゴッホ（Vincent van Gogh，オランダの画家，1853-1890），「お好み焼き」がエコノミー・ヤッキー（economy yucky，「倹約で不味い」の意味）に，英語圏の人の耳に聞こえることもある（有田［2004］77頁）。

好きにならずにいられない数字

「数学は苦手」と思い込んでいるシニアが，意外に多い。そういう方の「数学嫌い」を克服するために，身近な数を題材として面白い活動をしてみたい。

例えば，24時間は秒に換算すると8万6400秒になるが，これを毎朝8万6400円貰えることに置き換える。そしてそのお金をどう使うか，皆で考えてみる。実際には「ない」お金を「ある」と想定するだけで，ワクワクできる。しかもお金を恰(あたか)も時間のごとく「無駄なく活用すべし」と，思い直す絶好の機会になるだろう（昇選［2003a］127頁）。

またシニアの中には，自分の年齢をやすやすとは打ち明けたくない人がいるに違いない。ならば，自分の年齢をわざとわかりずらいように，「20歳と480ヵ月（＝60歳）」などと言ってみれば如何だろうか。* そう聞かされた相手に，特別な興味を懐(いだ)いており，年齢を知りたいと思うなら，後でじっくり（こっそり）計算すれば良い。年齢などには拘泥(こうでい)したくないのなら，そのままにしておけば良い。

そして数字が持つ，「一つずれるだけで，何となく間抜な感じが漂う性質」（例：小泉純二郎やアタック・ナンバー2）も利用できる。例えば，①10ブレーキ，②はちす，③つぼしち，は元々どんな言葉だったのかを連想してもらう形式のクイズができるだろう（解答：①急ブレーキ，②急須，③つぼ八）。

ところで数字には，難しい・面倒くさい話を簡単に説明できるメリットもある。例えば，46億年の地球の歴史を，1年に縮小すると，人類の祖先が誕生したのは12月31日の午後2時半に当たる。また産業革命が始まったのは，その日の午後11時59分58秒（1年の終わりの2秒間）になる（高知新聞，2003年5月20日）。このように説明されると，わかったような気がするのは，気のせいではなく数字のせいなのである。

---

* ちなみに，20歳と960ヵ月だと約百歳になる（昇選［2003a］133頁）。

数字＋言葉遊び＝いと楽し

数字に言葉遊びを合体させても，学習が捗(はかど)る。例えば，数字が入った諺・慣用句・四字熟語などの，数の部分を一旦空白にする。そこへ改めて，相応しい数を入れ直してもらう形式の設問ができるだろう（今井［2002］14頁）。

問：次の諺・慣用句・四字熟語には，それぞれ一〜十の数字が入ります。数字の小さい順に，並び替えてください。

□方美人・□分□厘・□円を笑うものは□円に泣く・
なくて□癖あって四十八癖・□股をかける・
□転び□起き・□死に一生を得る・□把□絡げ・
□の足を踏む・□里霧中・□年□昔・□臓□腑・
□寒□温・□面楚歌・仏の顔も□度・□阿弥陀

解答：
一円を笑うものは一円に泣く⇒二股をかける⇒三寒四温⇒五臓六腑⇒七転び八起き⇒九死に一生を得る⇒十年一昔⇒二の足を踏む⇒仏の顔も三度⇒四面楚歌⇒五里霧中⇒六阿弥陀⇒なくて七癖あって四十八癖⇒八方美人⇒九分九厘⇒十把一絡げ

問：次の四字熟語の□の中にふさわしい数字を入れて，足し算をしてください。
(1)　□発□中＋□人□色＝
(2)　□苦□苦＋□歩□歩＝
(3)　□聞は□見にしかず＋□つ子の魂□まで＝
(4)　□騎当□＋□事が□事＝
(5)　桃栗□年柿□年＋鶴は□年亀は□年＝

解答：
(1)　百発百中＋十人十色＝100＋100＋10＋10＝220
(2)　四苦八苦＋五十歩百歩＝4＋8＋50＋100＝162
(3)　百聞は一見にしかず＋三つ子の魂百まで＝100＋1＋3＋100＝204
(4)　一騎当千＋一事が万事＝1＋1000＋1＋10000＝11001
(5)　桃栗三年柿八年＋鶴は千年亀は万年＝3＋8＋1000＋10000＝11011

語呂合わせ・書き換え語・ペグワード

近年では頻用されなくなったが，かつてポケベル（ポケット・ベル）の数字

を効用した，多様なメッセージのやりとりが流行ったことがある。懐かしさをこめて少し紹介しておくと「7241016」（何している），「310216」（茶店にいる），「33414」（さみしいよ），「01104」（おいでよ）などである（友清［2001］55頁）。

このように数字をメッセージに書き変える便法は「語呂合わせ」の一種であり，コマーシャルの宣伝文句などとしても，頻用されている。数字を覚える記憶法としても役に立つ。聞き覚えがあるものとして「783640」（悩み無用）は発毛・育毛に熱心な会社（毛髪クリニック・リーブ21），「4126」（良い風呂）は温泉付宿泊施設（ホテル・サンハトヤ）の電話番号である。*

反対に，メッセージを数字に書き換えることもできる。例えば「知る人ぞ知る」製品として，強精の効能を掲げる「ジェリー1919」や，引き締めの効果を掲げる「ジェリー4040」（健康プラザコーワ）がある。

また8月31日は「野菜（831）の日」，11月22日は「いい夫婦（1122）の日」など，月日を数字に書き替えることも，可である。やくみつる「89326」さんや，イナゴライダー「175R」さんもいることから，人名にも利用できる。

英語で，このような語呂合わせ・書き換え語はpegword（ペグワード）と呼ばれる（同上書，59頁）。see you later はCUL8R，greatはGR8，before はB4などと，書き（読み）替えられる。日本語や数字との混合形としては，そうでR，そうしまSHOW，おもC61，うれCどころではありま1000，KO大学，ニンテン堂DS，などがある（有田［2003］53頁，［2004］122頁）。

絵文字・ギャル文字

小・中学生を含む，若者が得意にしている絵文字は，ペグワードの応用編と考えて良いだろう。とくに：や＾＾などを含むアイコン（コンピュータに与える指示やファイルを解りやすく記号化した図形）を巧みに使う絵文字はエモーティコン（emotion + icon）と呼ばれる（友清［2001］58頁）。例えば，笑顔は(^｡^)，がっくり顔は (>_<) などと表現できる。

---

* 保険会社の電話番号が「いいないいな」（117117），消費者金融業の名称が「プロミス」（2634）などもある。

ギャル文字というジャンルもある。これはギャル文字変換一覧表（区点コード付き）を見れば一目瞭然であるが，かなり創造性に富む言語である。記号・数字・ロシア文字・ギリシャ文字などを変幻自在に組み合わせて作られてあり，最早「新日本語」とでも改称すべきなのかもしれない。何時の日か，それらに勝るとも劣らない「シニアのコード」が生み出される可能性に期待しながら，練習問題の形式で，少し紹介しておこう。

問：左右の言葉群を結んでことわざを作って下さい。(注1)

			解答
① ね⊃(こ	・	・島力゛ナょレヽ	① ねこに小判
② 火(こシ由を	・	・月宛キ甲∪	② 火に油を注ぐ
③ のれω(こ	・	・イム	③ のれんに腕押し
④ 矢口らぬ力゛	・	・シ主く勿	④ 知らぬが仏
⑤ 耳又└ノイ寸く・		・小半リ	⑤ 取り付く島がない

問：①〜⑤は㋐〜㋖の歌の一部です。(注2) 正しいものを選んで下さい。

	解答
① （十ぃナこ（十ぃナこ チュ⇒└」ッッ⌒ σ花ヵ゛	① エ
② ぁナこまを雲σ上(こ出∪ 四方σ山を見よヽ3∪τ	② カ
③ 力ヽbl§ ナょ也勿ナょ＜Йo	③ イ
④ ぁれ木公虫力゛ 口鳥vヽτvヽゑ	④ オ
⑤ う（十（キ゜追ぃ∪ヵヽσ山	⑤ ア

ア ふゑ（十ヽ⊂	イ 七つЙo子	ウ 森σくま±ω
エ チュ⇒└」ッッ⌒	オ 虫σ⊃ぇ	カ ι3ヽ∪勿σ山
キ ：／ャ氺勿王ヽ		

注1：渋谷へた文字普及委員会編『元祖ギャル文字・渋谷系へた文字公式BOOK』実業之日本社，2004年，66頁。
注2：同上書，70頁。

隠し文字と騙し絵

ギャル文字を創造した若者の遊び心には感服する。しかし大人の遊び心も，なかなか捨てたものではない。とりわけ隠し文字を忍ばせておきながら，素知らぬ振りをしているあたりは，流石の呈である。実例を紹介しておこう。

アルコール類製造業大手であるキリンビール社の，ビールのラベル部分（麒麟のたてがみの中）には，片仮名で「キ」「リ」「ン」の3文字が隠されている。この御愛嬌を知っている人は結構いるようだが，新五百円玉の表と裏の両面に「N」「I」「P」「P」「O」「N」の6文字が隠されているのを探し当てた人は，かなりのマニアであろう（http://kobayashiganka.co.jp/ganka/dokuson/500yen.htm）。シニア同士でも隠し文字を製作してみれば，隠す楽しみと見つける楽しみを味わえる。

　隠し絵（見間違いを故意に招く両義的な絵）も，シニアのユーモア活動として利用できる。例えば心理テストなどによく使われている「ルビンの壺」や「若い女と老婆」を用いて，どんな風に見えるか皆で連想し合う（森下［2003］156頁）。

　この機会に，ジュゼッペ・アルチンボルド（Giuseppe Arcimboldo, イタリア，1527-1593），ルネ・マグリット（Rene Magritte, ベルギー，1898-1967），M.C. エッシャー（Maurice Cornelis Escher, オランダ，1898-1972）など，隠し絵や騙

（ルーヴル美術館所蔵）

アルチンボルド
夏（Summer）1573年

（ウィーン美術史美術館所蔵）

アルチンボルド
水（Allegory of Water）1566年

(Washington, National Gallery of Art)

マグリット
人間の条件（La condition humaine）
1933年

(Washington, National Gallery of Art, Mr. and Mrs. Paul Mellon Collection)

マグリット
白紙委任（Le blanc-seing）1965年

The world of M. C. ESCHGR, 1988, Abradale Press, New York.

エッシャー　爬虫類（Reptiles）1943年　　　エッシャー　相対性（Relativity）1953年

し絵の大家の作品も鑑賞しよう。「あまり興味がない」と思っていたシニアの芸術眼を覚醒できるかもしれない。

替え歌・吹き替え

　音楽は，耳から入って脳に作用する。人の気分を鎮静したりリフレッシュできる，まるで耳から飲む薬，である（昇［2000］46頁）。その音楽のパワーを導入した活動についても考案してみよう。

　「掌を太陽に」や「大きな栗の木の下で」などの童謡の中には，もともと振りがついているものがある。そこで同様に，わらべ歌の「お寺の和尚さん」や唱歌の「ぼくらはみんな生きている」などにも振りをつけてみよう（上条編［2003］46頁）。誰にでも聞き覚えのある旋律に，体の硬直を揉み解す運動が融合するので，心身相乗効果に期待できる。

　替え歌を作ることもできる。下に記すように，まずは歌の一部をブランクにしておき，そこへ好きな文言（もんごん）を入れられるようにすれば，取り組みやすくなるだろう（今井［2002］13頁）。

　「＿が来た　＿が来た　何処に来た　＿に来た　＿に来た　＿にも来た」
　　　　　　　　　　　　　（オリジナルでは春，春，山，里，野が入る）
　「＿＿＿＿＿はいてた女の子　＿＿＿＿＿に連れられて行っちゃった」
　　　　　　　　　　　　　（オリジナルでは赤い靴，異人さんが入る）

　そう言えば，日曜日の夜に放送されている某人気番組にも「みんなのかえうた」がある。「散々オールスターズ」（サザン・オールスターズ）や「リストラーズ」（ゴスペラーズ）と名乗りをあげる素人出演者が「杖をついて歩こう」（上を向いて歩こう）や「おじいさんの年金」（おじいさんの古時計）などの替え歌を熱唱しては，自らに降りかかる大凶の事態を歌い飛ばしている。

　更には映画の名場面における名台詞を，名優になったつもりで吹き替える活動もできる（しかもこのような活動であれば，歌唱力に自信がない人でも面目を保てる）（相川［2002］158頁）。歌や映画が持つエンターテイメント性は，是非とも積極的に学習へ導入したい要素である。

マジックなどなど

　マジックは，隔世代であるシニアと孫が，そして異言語や異文化を持つ人々が，一緒に楽しめる。実にバリアフリーかつUDな活動である。* おりしも近年，マジックを趣味として始めるシニアが増えている。

　マジックと一口にいっても，手管を要するマニピュレーション(manipulation)から，大掛かりな大道具を使うグランド・イルミネーション(grand illusion)と呼ばれる種類まで，幅が広い。いずれにしても指の先から脳の髄までを使う，きわめて全身的活動である。

　マジック人気の理由のひとつは，繰り返しの練習によって技術に磨きをかけられることであろう。努力次第で，確実にレベルアップできるとなれば，シニアにとって取り組み甲斐がある（河合勝［2004］2頁）。しかも同時にそれは，ステージ・アート（臨場パフォーマンス）であり，彼らが，演者となって照明と喝采を浴びる絶好の機会になっている（伊藤実喜「笑いと健康＝マジック療法」『笑い学研究』7号，2000，71頁）。

　マジックの起源を辿れば，約6千年前のエジプトにたどり着く。その当時かの地で「鳥の首を切って元どおりにする」マジックが行われていた記録が残されている（河合 前掲書，1頁）。

　日本へは奈良時代に，中国から「散楽」として伝えられた。散楽とは，今で言う「中国雑技」と考えてよい。江戸時代になる頃には，約150種の手品本が出版されるなど，200年を超えて貫いた鎖国のお蔭で，日本独自の手品の形が生み出されたようだ（同上書，2頁）。

面白いことをして怒る人はいない

　ここまで本課では，シニアが予ねてより「苦手」や「嫌い」と倦厭(けんえん)してきた分野（魔術・演劇・音楽・美術・語学・文学・数学など）へも，ユーモアに「騙されて」近づいていけることを祈念し，ユーモア学習の活動例を紹介してき

―――――――――――
＊ 勿論ペイン・フリー，かつカロリー・フリーである。

た。いずれも，体が先に，頭はそれに遅れて衰えるという，シニアが抱えるギャップを，逆利用できるものばかりを挙げた積りである。

悲しいかな，私たちもそうであるように，シニアもまた「三日坊主」の習性を持つ。しかし，その習性を跳ね除けて長続きできるポイントが，実はある。

それとは，まず第一に，その取り組むべき活動に奥行きがあるか，そして第二に活動を継続する意味があるか，であろう。3回参加して「もうやってみた」と先が読めてしまうのか，それとも「もっと続けたい」と後を引くのかが，運命の分かれ道になる。

「おいしい物を食べて怒る人はいない」ように，面白いことをして怒り出す人もいない。そして美味なる食べ物が人と人の紐帯となるように，面白い活動も，人と人を結びつける。シニアが飽きずに楽しく参加・参画できるユーモア学習こそは，シニアの輪を作り出すエージェントになれるのではないだろうか。

第16課：錚々たるシニア，華麗なるユーモリスト

油断もすきもない時代から，ゆとりの時代へ

敗戦によって完膚なきまでのダメージを被った日本は，「瓦礫の山」という「ふりだし」に立たされた。その甲斐あって生まれ変われた，ということだろう。後に迎えた消費文明の黎明期と，続く急高度経済成長期に，社会は恰も前途有望な若者のように，生き生きと輝き出した（石原［2002］22頁）。

戦後生まれの団塊世代は，社会の青春期に自分の青春を重ねて大きくなった一大コーホートである（同上書，15頁）。そしてその彼らが，還暦を迎え始めている今，成熟社会としての日本の規範や価値観の基準も，大きく変わろうとしている。

例えば，今時の私たちは，安定と安住に倦んで，ややもすればアナーキーとカタストロフィーに魅了される。理路整然とした無難より，先が読めない乱脈さに心躍るスリルを感じ，「常識」という名のがんじがらめに縛られない「超

常識」を手探りしている(立元幸治[2003]5頁)。

　少なくとも,貧しさに負けまいとして笑いを切り捨て「しゃにむに」「歯を食いしばって」生き延びる時代は終わった。*できる限りの無駄を省いて,「手際よく」「足早に」済ませるより,「ゆっくリズム」「スローライフ」を満喫しようとする動きが盛んになっている。

　時代が掲げる標語も「一生懸命」や「Ｖ(ビクトリー)サイン」から,「頑張らない宣言」や「Ｌ(ラブ)サイン」へと,翻然(ほんぜん)と覆(くつがえ)った。「真面目」であるべきだった社会生活の基調は「非まじめ」へ移行,そして「地道にこつこつ」ならぬ「一瞬の閃(ひらめ)き」が,人生を征するようになったのである。**

　中には一流のエリート(企業の駒)になるより亜流のニート(自称「青年実業家見習い」)。むしろ「百点満点」や「ストレートＡ組」を見下す,ぐらいの余裕を持ち,点数や成績とは無関係な次元で人生を楽しみながら,成功をおさめる者もいる。

　社会が個人に「滅私奉公」を強いる時代の期限も切れた,と言えるだろう。個人の判断が,社会の規制力を振り切って「自分探し」や「自己愛」というブームを招き寄せた(井上宏他[1997]2頁)。何しろ上位から下達へと,勿体ぶって伝えられていた情報が,網(ネット)により個人宛に瞬時多発的に垂れ流されるようになったのだから,当然と言えば当然の成り行きかもしれない。

　かつては,周囲から向けられる視線に羽交(はが)い絞めにされてきた個人が,今となっては外側より内側から聞こえる自身の声を大切にする。組織からリストラ(restructure,再構築)されるよりは,自ら脱構築＆脱路線！と,まっしぐらな世代を横目に,派手な道草を食らいながら,自分イズムを貫徹させる生き方が進行している。

　このような変化は,社会が豊かになり,それなりの学歴と財産を持つ「合格

＊　実は1950年代,食べるものがなく餓死者が絶えなかった焼け野原で,絶望をエネルギーに昇華させようとしてか,笑いが流行。60年の安保闘争の前までが,「笑いの絶頂期」だったと言われている。(形の文化会編[2004]60頁)。

＊＊　今から20年以上も前,東京工業大学の森政弘教授(ロボット工学)は『非まじめのすすめ』(講談社,1984)の中で非まじめを「真面目すぎて融通が効かないのではない」「発想の柔軟性を持った真面目」と解説した(昇[2003b]242頁)。

点」の人生を送る人が増えた証左でもあろう。これから先は「合格点」を踏まえて，他者から「頭一つ出る」人生を送りたいと願うようになるのだろう。

そのような社会で人々がよりどころとするのは，必勝ならぬ必笑。なりたいのは，立派な人より面白い人。目指すのは Boys be humorous である。* 従来，省かれたり後回しにされてきたユーモアが，未だかつてなかったほど問い直されている（小林昌平・水野敬也他［2003］3頁）。

多弁を慎まず

今の若い人の耳にはピント外れに聞こえるかもしれないが，「喜怒色に現さず」という言葉がある。年配の人にとって感情（喜怒哀楽）とは，内に秘めるものであって，人前に曝(さら)すものではない，という意識が未だに強いようだ。

そもそも彼らが感情を秘匿(ひとく)してきたには，抜き差しならない事情があった。生きた馬の目も抜くような社会で，自分の心の内を相手に見せることは，手の内を見せることと同一であった。「馬鹿にされて堪(たま)るか」という劣等意識と，「何くそ」という根性が蠢(うごめ)く警戒の中を，先代は生き抜いてきたのである。

正直に，なれるものなら誰でもなりたい。しかし秘密がいっぱい詰まった風呂敷包みをしょっている人には，それができない。どうせ苦労話は聞いても楽しくないだろう，勿論嘘を拵(こしら)えてまで幸せ話をするつもりもない。言わなくて済む自分の恥部は披瀝(ひれき)しないのが，何よりである。「沈黙は金」の文化は，こうして尊重されてきた一面もある。

現代では，「開けっ放し」の性格の人が少なくない。外から他者が土足のまま入ってきても気にしないし，自分も開襟するオープン型の人が増えたのは，日本が平和で豊かであることの，ひとつの証明になる。**

現に，散々一人で腐心した末に，問題が露呈すれば「何でもっと早く打ち明けてくれなかったの？」と言われてしまう。遠慮するあまりに，何時までたっ

---

* 元々はBoys be ambitious！（クラーク博士）（日本笑い学会新聞，No.56．2004年2月25日，1頁，日本笑い学会）。
** 欧米では，土足で上がりこむのが当たり前。靴を脱ぐのはシャワーを浴びる時とベットの上だけであるから，容易に靴を脱げば却って誤解のもとになる。

ても水くさい仲のままよりは，無理な貸し借りをしてこそ，やっと親密な関係が築ける，と今時の人は考えているようだ。

そして何と「沈黙は金」どころか，饒舌の文化が絢爛と華開くまでになった。会社や学校など公的な場所でも，誰かが決断してしまえば済むことについて，何回でも何時間でもディベートやディスカッションを重ねる。話し合う過程で何かが生まれる，表現しなければ思いは伝わらない，と考えているようだ（昔の人が見ていたら「ツベコベ言ってないで，さっさとかたづけてしまえ！」と，怒鳴られてしまいそうである）。

「口数の少ない人」は「口から先に生まれたような人」より損をする。「オブラートで包む」から「歯に衣着せない」，「話べた」から「話のエキスパート」へ。社会は今，口あればこそなりたつ舌耕の時代を迎えている。

ユーモアとは何様だ

「何がなくてもユーモア」と言われる位，ユーモアが人間の持つ一大能力として評価される時代の幕開けである，かのような話を今まで散々してきた。しかし本当にそう言い切れるだろうか。この辺りで，少し水を差しておこう。

所詮ユーモアとは，言葉の妙味に過ぎない。よってその「味」を好きな人と好きではない人がいて至当である（外山［2003］24頁）。それはまるで，リンゴが必ずしも美味しいのではなく，リンゴを美味しいと感じる人と，美味しいとは感じない人がいる如くである（上野［2003］12頁）。

ならばユーモアに関心のない人に対して「センスに欠ける」などと評することが，ユーモアの「センスに欠ける」。また時に，ユーモアのある人の人間性が，ユーモアのない人に比べて優れているような言われ方をするが，これも明らかな誤りである。

こう考えてみると，ユーモアが通じる（ある）・通じない（ない）という表現も，気に掛かる。あたかも通じる（ある）のは通人，（ない）のは野暮天，と聞こえがちだからである。

詰まるところユーモアは，個人の趣向・性向のひとつに過ぎないことを，確

認しておく必要がある。ユーモアとは全く無縁の真面目であっても，何が悪い訳ではないし，誰にも迷惑をかけていないのである。

　この際，笑いのダーク・サイドについても，触れておくべきであろう。笑いが，幸福や繁栄の代名詞のように用いられる嫌いがあるが，それは表の顔に過ぎない。笑いは裏側で，悪意や破滅の要素を多分に含む，もう一つの顔を持っている（福井栄一「運命の笑い」『笑い学研究』9号，2002，131頁）。笑いは人間関係に融和を齎し，人間関係を並列にする，と言われながら，それらを隔てる障害にもなるのである（堂本［2002］6頁）。

　だからと言って対立や序列を作り出す，所謂「負」の笑いが，この世からなくなってしまったら，どんなにか寂しいであろう（上野［2003］92頁）。しかも現実問題として，競争社会に生きる私たちから，攻撃や報復の笑いを消し去る事は不可能である。残されているのは，その種の笑いの矢を，どのように放つかを弁える余地だけであろう（井上宏他［1997］65頁）。

　何もわざわざ，誰かを貶めなくても，笑いは取れる。峻別や差別，そんなことのために，ユーモアがあるのではない。

　私たちは，この来るべき「ユーモアの世紀」へ突入するに臨んで「負」を差し引いて余りある「プラス」のユーモアに関して，十分に学んでおきたい。調和を不遜に変えるのがユーモアなら，不遜を調和に替えられるのもまた，ユーモアのなせる業である。

笑いの相

　笑いやユーモアを所詮，「弱気者が一時的に問題から脱出するための逃避行動」ではないかと，非難する声もあるだろう。確かにガス抜きをして爽快感を得るという点では，誰かの悪口や誹謗中傷を言う行為に相当する。また煩瑣を限定的に忘れて凌ぐという点では，アルコール類を飲む感覚に近い。

　しかしこのような逃亡に，私たちはしばしば救われている。そも一体この世の中で，完全に問題解決ができるケースの方が，稀にしかない（上野 前掲書，56頁）。まずは，その場に立ち昇る炎を振り掃い，後々勢いが治まるのを見計

って行動できれば、その人は賢明と言うべきなのである。

　よしや、笑いが愚痴で誰かを嘲弄したり、酒で自分を酩酊させる行動と同格である、と想定してみよう。すると却って、こんな愚行に走れるのは、人間だけであるという真実にぶち当たる。即ち他者に向かってストレスを発散したり、現実から距離を置いて忘我の境地を得る策は、人間が考えついた「逃脱」というより「救済」であり、突き詰めれば人を人ならしめる行為なのである。＊

　概ね愚痴は、吐き出す側を楽にするが、吐き出される側をぐったりと消耗させてしまう。また飲酒は、飲んでいる数時間を陽気にするが、それをし過ぎた人の翌日を狂わせる。このような悪影響や副作用は、笑いで紛らわす限り発生しない。「百薬の長」と誉れ高い笑いは、私たちにとって「百人力のパートナー」でもあるのだ。＊＊

　ところが、その頼もしいはずの笑いが、いともあっけなく始末されてしまう時と場合がある。「冗談はさておき」「冗談はともかく」などという言葉が出た途端、笑いは即座に打ち切りとなる。

　何だ彼だ言ってみても、結局笑いの存在は、主役あっての脇役でしかないのだろうか。主役のために、一溜りもなく処分される犠牲、これが引き立て役としての笑いの相なのだろうか。結局、疑惑は晴れないままである。

ユーモアの落とし穴

　ユーモアには落とし穴もある。そもそもユーモアがあるからといって、その人物が信用できる訳ではない。ユーモアは話者の人格や、話の内容を保証するものではないのである（上野［2003］161頁）。

　とは知りながらつい、面白い・楽しいというイメージに惑わされて、ユーモアの発信者に乗せられ、気が付けば説得されたり賛同してしまう傾向が、私た

＊　現に、穀類など食物の発酵によるアルコールの生成法を発見し、酒類を造るようになってから、人間としての感情の増幅と信念の発達があった（石原・瀬戸内［2003］338頁）。
＊＊　英語でも "Laughter is the best medicine." と言う。

ちにはある。即ち使い方・使われ方次第で、ユーモアは（まるで悪徳商法のように）人の感覚を眩(くら)ませるトリックとなって、暗躍してしまうのである。

ユーモアには、「逃げ口上」や「肩すかし」を食わせる要素もある。ユーモアで受け流すと言えば聞こえが良いが、真(ま)ともな対応から逃げて、相手をはぐらかそうと企(たくら)む時、ユーモアを悪用できる（外山［2003］21頁）。

またユーモアを配すると、人をかついでおきながら、許されてしまう（井上宏［2003］144頁）。例えば「扇子が空を飛んでいる」と、有り得ないことを平然と言えるのは、それが「嘘」か「ユーモア」のどちらかの場合であろう。要するに嘘とユーモアは紙一重、なのである。

ユーモアは、一端口から出た「でまかせ」や「意地悪」を、なかったことにする力にも優れている。「なんてね、冗談に決まってるだろ」と言えば、ハラスメントやお下劣を吐いておきながら、撤回できる。何せユーモアに紛(まぎ)れれば、ルール違反や掟破りが、堂々とできてしまうのである。

また第6課で、エスニック・ジョークは悪意のない限り喜ばしいジョークである、と述べたが（93頁参照）、「使用上の注意に従う限り」と付記しておく必要がある。特にビジネスの場面では、先方の人種や宗教と全く無関係なジョークでなければ、取り返しのつかない破局を招く危険性がある（シーゲル,R. &ラクロワ,D. 著／林・丸山訳［2002］61頁）。TPOを間違って投与してしまえば、ユーモアは「百薬の長」や「万能薬」どころか、激薬にもなるのである。

「笑われる」という制裁

「ばか笑い」という表現がある。「人に笑われるくらいの覚悟でやってみろ！」という表現もある。なるほど考え方によって「笑い」は、露骨な感情反応であり、また礼節に欠ける自己主張でもある（木村洋二「ジャパニーズ・スマイルと日本人の微笑み」国際ユーモア学会［2000］18頁）そして「笑われる」ことは、自分の面子や権威が脅(おびや)かされる攻撃にもなりかねない（近藤［2002］213頁，井上宏［2003］127頁）。

念のために、江戸時代の事情を少し紹介しておこう。驚くなかれ、当時借金

の証文には「万一返済怠るにおいては，人中にてお笑いくださるべく候」というくだりがあった。「もし返金することを怠った場合には，皆の衆の前で笑いものになる」という意味である。

　武家階級において，笑いものになる仕打ちが，社会的自画像を失墜させる（いわば死刑に匹敵する）制裁であった様子が伺われる。切腹が名誉であった傍らで，笑われることは死を以ってしても回避したい恥辱であったのだ（木村洋二［2000］国際ユーモア学会，19頁）。

　ただし今となって，「笑う」が「罰する」と同等の，社会化の手段として使われているとは言い難い（森下［2003］89頁）。どうしたら笑ってもらえるかに気を配り，笑いものにされるのを喜ぶ人も少なくない中で，笑われるだけで借金返済を放免してもらえるなら「丸儲け」と判断する人の方が，圧倒的多数を占めるだろう。

　かつて「ボロは着てても心は錦」であった社会の住人は，いまや「衣食足りて傲慢を知る」と揶揄されるようになった（太鼓持［2004］166頁）。世の中に何でも溢れる程あって，ないのは志だけと懸念されている（ヒベット，H.，文学と笑い研究会編［2003］408頁）。

　豊饒になったが故の現代病理として，ストレスを抱える人があふれ，ノイローゼや人格障害が広がった。最新の科学技術を，心のよりどころとする人や，パワー信仰の誘いに引き寄せられる人も後を絶たない（立元［2003］34頁）。

　このように暗い・悲しいニュースが引きも切らない時代は，結局笑ってやり過ごすしかないのだろう。そう言えば高名な哲学者であるニーチェ（Friedrich Wilhelm Nietzsche，ドイツ，1844-1900）は「人間だけがこの世で苦しむため，笑いを発明する他なかったのだ」と，かねてから述べていた。要するに，笑う阿呆に笑わぬ阿呆，同じ阿呆なら笑わにゃ損々，ということだろう（井上宏［2003］154頁）。

第4笑　シニア・ユーモリストが時代を啓く　199

笑いで背負い投げ

　ところで私たちは,「折角オンリー・ワンとして生まれてきたのだから, 是が非でもかけがえのない人生にしなければ……」と気合を入れ過ぎてはいないだろうか。もともと個人の一生なんて, 壮大な宇宙の悠久な歴史の中で, 瞬(またた)きのごとく刹那でけし粒のごとく玉響(たまゆら)に過ぎない, にもかかわらず。

　歴史に名を残す偉人でさえ, その生涯に起こったいざこざの一切合財を集めて, 自然界に叩きつけたところで, ひゃくりにも値しない。所詮この程度である人間の存在を, どうにかして有意味にしようとすればするほど, 私たちは衰弱してしまうのではないだろうか。

　もし最初から「特別な意味はなかった」「平凡な人生だった」と認められれば, 私たちは人生の最後で奢る者にならなくて済む。周囲に昔の栄光を掘り起こしてまで吹聴しなくて済むはずである。

　またなぜかしら, 失敗は「悪い」ことだという呪文に惑わかされ「石橋を敲いて渡る」ような慎重な人が尊重されてきた。結果として, どんなに避けようとしても必ず失態を犯してしまう人間でありながら, それを誤魔かそうとして, 奔走に次ぐ奔走の人生を送る破目(はめ)を見た人もいるだろう。

　この際, ちっぽけでドジな自分であることを100％肯定して, 金輪際(こんりんざい)肩肘張って生きるのを止めよう。所詮自作自演の人生ならば, 老いさらばえたという免れない成り行きに傲岸(ごうがん)になるより, 面白おかしいナレーションを付けてしまおう。「人生はクローズアップで見れば悲劇, ロングショットで見れば喜劇」と, チャップリン (Charles Chaplin, イギリス, 俳優・監督, 1889-1977) も生前述べていた。

　そんなことでは, 自己戯作や自己卑小になる, と見なす考え方もあろうが (新藤［2003］58頁), まったく逆の見解も可能である。なぜなら人は自分で自分を笑いものにする時に, 最も自由になれる者だからである。

　人生を巧く生き抜くためのハウツーを唱える本も数多出版されているが, 結局のところ, 人生のキーワードは不幸の対峙としての「笑い」であろう。とりわけ, シニアの前途に控えているかに見える不安の部分は, そっくりそのまま

笑いで背負い投げて，すましていれば良いだろう。

ハイセンスよりナンセンス

　人の寿命が長くなるとともに，何もかも知り尽くし，経験し尽くしたかのような人生の達人が増えた。この状況を否定的に言い換えれば，長生きしたために，人生における新鮮味を失い，その代わりに倦怠を感じているシニアが増えたことになる。

　そこで何とか，シニアがワクワクできるような新発見・未経験・初体験を創出してみたい，と願う。すると思い当たるのが，やはり「笑い」であり「ユーモア」なのである。

　シニアであれば，上出来や完璧を求めることに踵（きびす）を返して，ズレやはずしを求められる。いわばハイセンスに飽きて，ナンセンスを効かせられる。

　ユーモアは，今まで慣れ親しんできた整合性を，わざと破壊させ「そんなばかな…」と思う感覚に近い。つまりそれは，今までの長い人生経験の中でも，巡り合わせたことのないであろう違和感の一種である。同じことでもプラス・ユーモアでやり直すと，そこに新しい感慨が生まれる。人生が長くなった分，人生の後半はユーモアと一緒に暮らせれば，一度の人生を2仕様で楽しめることになる。

　そもそもユーモアがないからと言って，話が前へ進まないわけではないし，結論を導き出せないわけでもない。ユーモアは「なし」で済まそうとすれば，済ませられるエキストラである。あくまでもメッセージの発信者が，しなくてもよい手間は省いて普通に話すか，ユーモアという手間をわざわざ施（ほどこ）すかによって，笑いの出番が決まる，という訳である。

　しかし落ちも突っ込みもない話は，棘も毒もない薔薇（バラ）や河豚（ふぐ）と，どこか似ている。棘や毒が，薔薇や河豚をそのもので有らしめるように，ユーモアが会話を，その人なりのものに変えるのだろう（井上宏他［1997］45頁）。

　人生の倦怠期のみならず，厳冬期にも，ユーモアが役に立つ（森下伸也「退屈・遊び・ユーモア」『笑い学研究』7号，2000，41頁）。正気の沙汰ではいられな

いような断末魔で，笑いだけが救いになれることがある。病臥の続く最晩年にこそ「辛い」を「笑い」に反転させられるか・させられないかによって，明暗が分かれるのである。

実際に近年になって，長年ミスマッチと思われてきたシニアとユーモアの組み合わせに対する誤解が，いよいよ解け始めている。現に，シニアと社交ダンス（25頁参照），シニアと海外留学（46頁参照），シニアとコンピュータ（26頁参照）など，前例へのこだわりが邪魔になるほど，桎梏の楔を振り解いて，新たな挑戦に立ち向かうシニアが急増中である。

ならば，シニアがもうひとつの，ユーモアという意外性にチャレンジしてもよいだろう。そして，そうできることをクォリティ・オブ・シニア・ライフ（QOSL）と呼んでもよいだろう。

笑いは自分のコンプレックスや，人生の汚点をふるい落としてくれる。自分にまつわる不幸のダマを飛び散らしてくれる。ついでに苦労のしこりも，揉み解す。洗いざらい，根掘り葉掘り，自分を笑ってあげるほどに，誰かに笑ってもらうほどに，私たちは楽になれる。

「寒さに震えた人ほど太陽の暖かさを感じる」と言われるように，若い時に涙を拭ったシニアほど，人生の晩節に笑ってお祓できる仕組みになっている。要するに年齢とともにユーモアの感覚は失われるというより，養われる。そう信じて，人生をかけて笑いを修錬していこう。

やってきたこと×年月だけが嘘をつかない

アメリカの詩人であるサミュエル・ウルマン（Ullman, Samuel, 1840-1924）は老齢期が抱える本当の問題は，能力の衰えではなく，志気の喪失であるとシニアを鼓舞した。彼の詩集『80歳の歳月の高見にて』（*From the Summit of Years, Four Score*）の「青春」には，次のように綴られている。「青春とは人生のある時期ではなく，心の持ち方を言う。」「青春とは臆病さを退ける勇気，易きに付く気持ちを振り捨てる冒険心を意味する。時には20歳の青年よりも60歳の人に青春がある。人は歳月を重ねたから老いるのではなく，理想を失う時に老い

るのだ」(ウルマン,S.著／作山宗久訳『青春とは,心の若さである。』角川文庫,1996, 15頁)。

また市民権活動家 (civil right activist) であったマギー・クーン (Maggie Kuhn, 1905-1995) は "The best age is the age you are."(最高の年齢とは,貴方の今の年齢である) と発言して,多くのシニアを勇気づけた。彼女は「65歳になったから」という理由だけで退職を強いられた時に,Gray Panthers(グレーパンサーズ)(高齢者団体) を結成した人物である。*

しかしシニアとして実生活を送るとなれば,ウルマンやクーンの言葉が,賢しげな理想にしか聞こえない,辛い事態にもぶち当たる。そんな時は,オスカー・ワイルド (Oscar Wilde, イギリス, 1854-1900) が述べた「まだまだお若いといわれて悦に入っていることこそ老いの証拠である」との鋭い指摘や,ボーボワール (Simone de Beauvoir, フランス, 1908-1986) が老境にさしかかって発した「生に対立するのは死ではない,老いである」との,やや手厳しい箴言(アフォリズム)(aphorism) こそが心に響く (樋口[2001] 58, 74頁)。

シニアになれば,何をするにもぎこちなくなる傾向は避けられないのだ。ところがこの理不尽が実は,シニアにとって有利に働くことがある。例えば,若者がコンピュータをすんなり使いこなすのは当然だが,シニアが,まごつきながらも取り組めば「すっげえ,じじいだな」「ばばあのくせに,よくやるな」と若者からの尊敬を獲得できるのである。

不思議と,武骨な人物や無様である情景が,心を揺さぶって止まない。だからシニアは,人生の引き潮に向かってしか体験できないみっともなさや衰退こそを,その命の限りに誇っていれば良いのである。

一方で若者は,シニアを残滓と見なして侮(あなど)るべからず。誰の権限にも屈せずに,マイペースで過ぎ去る「歳月」。その流れは体の傷と人の心を癒す他に,

---

＊ グレー・パンサーは黒人解放運動団体の「ブラック・パンサー」のもじり。今では全米に50ヵ所を超えるローカル・ネットワークを持ち,約2万人の会員が中心メンバーとなって,高齢者施設のサービス向上・医療制度の改善・エイジズムの摘発・アンチエイジズムの啓発など,戦略的な社会活動を展開している (Simon Biggs, Chris Phillipson & Paul Kingston, *Elder Abuse in Perspective*, 1995. 鈴木眞理子監訳『老人虐待論』筒井書房, 2001, 199頁)。

物事の真と嘘をも見抜く。そして「やってきたこと」×「年月」=「経験」だけが，嘘をつかない。

　早送りも，巻き戻しもできない日一日を過ごしたシニアの全員が，その慧眼を持っている。畢生において，シニアが老残と引き換えに手に入れた経験を，若者はもっとリスペクトしても良いのである（井上宏［2003］120頁）。

シニアがやらなくて誰がやる
　老年期を協奏曲に喩えるなら，さながらKadenz（ガデンツァ）であろう。* ソロ奏者が聴衆に「聞かせる」部分として挿入された，このエンディングのために，序曲としての今までの人生があったと言っても，およそ間違いない。
　そう言えば，白鳥も死ぬ間際に，別離の歌を奏でるそうだ。** 生まれたてでも途上でもない，死の直前に「これで最後」と悟って歌うのだろう。
　駅伝においても，選りすぐりのアンカーが，ここぞという走りを見せるのが最終区である。この時ランナーが，「どうせ最後だから」といって，途中で力を抜いたり，走るのを止めたシーンを，ついぞ見たためしはない。
　シニア期もまた，人生という二度と走りなおしができない耐久長距離レースの最終区である。したがってそれは脱力の時期ではなく，渾身の力を出し切る時期であろう。そしてどういうタイミングで最後のコーナーを曲がり，最後のスパートをかけるのか。各人の拘りが込められる時であり，所でもある。
　シニアには，「今」しかない（立元［2003］23頁）。その掛け替えのない時間に「為せば何事もなる，為なさねば何事もならぬ」である。素晴らしいエンディングになってくれないものか，と夢見るだけでは何も起きない。行動して始めて，何かが叶う可能性が生まれる。シニアが人生の最後を，生きながらえるのではなく，全うする決意のもとに生きる，ただそれだけで日本の，世界の将来は夢で一杯になるだろう。

---

*　ドイツ語で，最後の聞かせどころの意味。
**　シューベルトの「白鳥の歌」と題される最後の歌曲集は意味深い。没年に書いた14曲を，弟子たちが彼の死後に編纂したものである（坂本公延［2003］108頁）。

晴れてシニアになり，会社と言う囲い込み以外のすべての場所で，変幻自在に動き回る。敷かれてきた世の常軌から進んで逸し，未開だった道を拓く。他の誰でもないシニアだけが，こんなに果敢な冒険へ取り組める。

体力も気力も，口も芸も，達者ぞろいなのが今時のシニアである。だからついでに「ユーモアが通じない」という兼ねてからのラベルも返上し，ユーモアの受け手になれる。それに留まらず，自らに燦々と降り注ぐ物忘れやボケという災いをも笑い飛ばす，ユーモアの発信者になる（柏木［2001］197頁）。笑いと授受的な関係を築く「最初の世代」になってくれるだろう。

「最後に笑うものが一番大きく笑う」の「最後に」は「シニア期に」へ言い換えられる。それとは「自分を」にも換えられる。他の誰でもない自分自身を，しかも丸ごと一生分，笑えるシニアが一番大きく笑えるのである。

あ と が き

　私事になって恐縮だが，私の父は還暦を過ぎて，大いに変わった。戦後の赤貧の中で多感な時期を過ごし，言ってみれば人生の三段跳びをする前に，最初の一歩を踏み外した父であったが，積年の悔恨をバネにしてか，老境に入って見事にホップ・ステップ・ジャンプを決めたのだ。

　父は学童時に，外来語や情報通信技術など，ハイカラな事項を学ぶ機会に恵まれなかった。その彼が，退職後にコンピュータやデジカメの操作を習ううちに，聞いているこちらが耳を疑うような難しい横文字を口走しるようになった。こうしている今も，英字入力のキーボードを軽やかに爪弾くその横顔は，私の目の前で，確かに輝いている。

　老境への軟着陸の積もりだったのだろうか，退職を前に始めていた社交ダンスを通じても，父は驚くべき才覚を発揮した。演歌ならまだしも，西洋の音楽など趣向に合うべくもないタイプの父が，今ではモダンやラテンのリズムに合わせて，畏(かしこ)まった場で練習の成果を披露するまでになっている。時には少しズレながら，それでもパートナーをしっかりとリードしようとする，以前より小さくなった父の背中は，どんな美青年の後ろ姿より，私の心にグッとくる。

　元気一杯に見える父も数年前に，人並みに手術の経験をした。右左右と3回に渡って彼を見舞った網膜はく離は，私たち親子に「最悪の場合には失明」という恐怖や絶望感を突きつけた時期もあった。しかし手術を終えた現在，人工レンズ入りの両目は，老眼鏡なしでもコンタクト顔負けの，澄み渡った新世界を彼に見せてくれている。

　退職後に広まった人付き合いも，父に大きな影響を与えたようだ。特に20年以上前に妻に先立たれた彼の傍らに，小鳥のごとく舞い降りた彼女の存在は尊大だった。彼女を思いやれるようになった父は，昔の強かった父より，何倍も男らしいカレ氏になった。恐らくその御方から教えて頂いたのだろう，「ありがとう」という父の言葉を，私はこの先，何回でも聞いていたい。

　シニアになって，人は変われる。身も心も何もかも，変われる。「若い時に

やっていたことなら，シニアになってもできる」と耳にするが，それは真実ではない。なぜなら若い時にやっていないことでも，シニアにはゼロから始められる潜在能力があるからである。シニアには病気を根治して，病気になる以前よりも元気になる体力がある。そしてシニア期になってから，青春期に勝るとも劣らないほどときめく出会いが待ち受けているのである。

　これらを，身を以って示していることが，父が私に残してくれる掛け替えのない財産だと感じている。そして私は，一人のシニアが奇跡を起こしたように，シニア世代のひとりひとりが奇跡を起してくれることを疑わない。人生の苦労を笑いにすり替えて，人生の最終章を，果敢に生き抜くシニアが醸し出すペーソスは必ず，次世代の心身の奥底に燻（くす）ぶるマグマをも滾（たぎ）らかすだろう。

　「毎日が　我が人生は　お正月」。父が詠んだ最新の一句にも，老境の持つ魅力と実力を，そしてそこに潜む諧謔と滑稽の精神を，垣間見る思いがする。セカンド・ライフにかける，三枚目シニアの活躍が時代を啓く。シニアがユーモアと交歓する時，21世紀は本当の意味で，高齢者社会になれる。

小 向 敦 子

文　献

あ
相川浩（2002）速効会話術（ユーモア編），KKロングセラーズ
阿川佐和子ほか（2004）ああ，腹立つ，新潮文庫
穴見吉明（2003）笑いづくし，日本文学館
綾小路きみまろ（2002）有効期限の過ぎた亭主・賞味期限の切れた女房，PHP研究所
荒俣宏編集（1994）知識人99人の死に方，角川書店
有田和正（2003）いま，必要なユーモア教育の技術，明治図書
有田和正（2004）教師と母親のユーモアを鍛える，明治図書
安西篤子（2003）老いの思想，草思社
飯沢匡（1977）武器としての笑い，岩波書店
生田哲（2004）免疫と自然治癒力のしくみ，日本実業出版社
石原慎太郎（2002）わが人生の時の人々，文藝春秋
石原慎太郎・瀬戸内寂聴（2003）人生への恋文，世界文化社
イタール，J.M.G.（Itard, Jean-Marc Gaspard）著／中野善達・松田清訳（1978）新訳アヴェロンの野生児，福村出版（イタール氏が書いた人間観察家協会と内務大臣閣下への報告書を合わせて翻訳したので英語のタイトルはない。）
一番ヶ瀬康子監修・進藤貴子（1999）高齢者の心理，一橋出版
井上宏（2003）大阪の文化と笑い，関西大学出版部
井上宏他（1997）笑いの研究，フォーユー
井上弘幸（2003）「お笑い」を学問する，新潟日報事業社
今井弘雄（2002）言葉あそびゲーム，生活ジャーナル
上野行良（2003）ユーモアの心理学，サイエンス社
ヴェルドン・ジャン著／池上俊一監訳（2002）図説笑いの中世史，原書房
ウォーカー・リチャード（Richard F. Walker）・小室良一（2004）踊る100歳　笑う120歳。講談社
遠藤周作（2003）自分づくり，青春出版社
岡崎陽一監修，エイジング総合研究センター編（1998）高齢社会の基礎知識，中央法規出版
沖藤典子（2003）シニアいきいき納得ライフ，佼成出版社
奥野健男編（1975）太宰治研究I その文学，筑摩書房
小田島雄志（2003）ユーモアの流儀，講談社
落合信彦（2002）ジョークで時代をぶっとばっせ！，青春出版社

か
河合勝（2004）マジックでコミュニケーション，生活ジャーナル
貝原益軒著，森下雅之訳（2002）養生訓（現代文），原書房
柏木哲夫（2001）癒しのユーモア，三輪書店
加瀬英明（2003）ユダヤ・ジョークの叡智，知恵の森文庫
形の文化会編（2004）形の文化誌（10）特集：笑う形，工作舎
桂文珍（2000）新・落語的学問のすすめ，潮出版社

桂米朝・筒井康隆（2003）笑いの世界，朝日新聞社
門野晴子（1996）寝たきり婆ぁ猛語録，講談社
門野晴子（2003）おばあちゃんの孫育ち，小学館
上条晴夫編（2000）さんま大先生に学ぶ 子どもは笑わせるに限る，扶桑社
上条晴夫編（2003）教室がなごむお笑いのネタ&コツ101，学事出版
北川宗忠（2002）観光・旅の文化，ミネルヴァ書房
北村元（2003）日本人には思いつかないイギリス人のユーモア，PHP研究所
喜多村治雄（2004）シニアの「生きる」―知縁を求めて―，ぎょうせい
熊谷文恵（2003）こどもはギャグのかたまりダ，文芸社
Allen Klein, *The Healing Power of Humor*, Jeremy P. Tarcher Inc. 1989.（クライン・アレン著／片山陽子訳［1997］笑いの治癒力，創元社）
Mardy, Grothe, *Never Let a Fool Kiss You or a Kiss Fool You*, Penguin Book, 2002.
小泉十三（2004）頭がいい人の習慣術，河出書房新社
高齢社会ジャーナル（2004年4月～2006年2月号），CMPジャパン704プロジェクト
国際長寿センター（2000）日本におけるジェロントロジーの確立に関する研究報告書，国際長寿センター
国際ユーモア学会（2000）国際ユーモアシンポジウム―西欧のユーモアと東洋の笑い，国際ユーモア学会
こころの科学：老いと死の臨床（第96号）（2001）日本評論社
小島康男監修（2003）ドイツの笑い・日本の笑い，松本工房
Simon Cox, *Cracking the Da Vinci Code*, Michael O'Mara Books Limited, 2004.（コックス・サイモン著／東本貢司訳［2004］ダ・ヴィンチ・コードの謎を解く，PHP研究所）
小林章夫（2003）イギリス紳士のユーモア，講談社現代新書
小林薫（2003）英語のことば遊びコレクションA to Z，研究社
小林昌平・水野敬也他（2003）ウケる技術，オーエス出版社
Sarah Kofman, *Pourquoi Rit-on?*, 1986, Edition Galile.（コフマン・サラ著，港道隆他訳［1998］人はなぜ笑うのか？，人文書院）
近藤勝重（2002）となりのハハハ，千恵の森文庫
さ
西条昇（2003）ニッポンの爆笑王100，白泉社
堺屋太一（2003）高齢化大好機，NTT出版
堺屋太一（2004）堺屋太一の見方，PHP研究所
坂本公延（2003）文学の風景，英宝社
佐々木みよ子・森岡ハインツ（1989）笑いの世界旅行，平凡社
佐藤志緒理，ガレス・モンティース（2003）WIN-WIN交渉術！―ユーモア英会話でピンチをチャンスに―，清流出版
左右田鑑穂（2001）100歳シニアのイキイキ人生，日経BP企画
澤口俊之（2002）痛快！頭を良くする脳科学，集英社インターナショナル
Rick Segel & Darren LaCroix, *Laugh & Get Rich*, Baror International, 2001.（シーゲル・リ

ック&ダレン・ラクロワ著／林啓恵・丸山聡美訳［2002］笑って金持ちになる方法，扶桑社）
じぇろ（2005年4月〜2006年2月号）日本ケアフィットサービス協会
清水ちなみ（1999）にんじんだもの，扶桑社
清水ちなみ（2000）じいちゃんの伝説，筑摩書房
清水ちなみ（2001）いんげんだもの，扶桑社
柴田博・芳賀博・長田久雄・古谷野亘編（1993）老年学入門，川島書店
柴田博・森野真由美監修（2002）若さを保つシニアの食卓，保健同人社
柴田博（2003）中高年健康常識を疑う，講談社
柴田博（2006）生涯現役「スーパー老人」の秘密，技術評論社
柴田博（発行年不詳）味が分かるのは中高年，現代けんこう出版
白石正明編（2003）百歳時代のリアル，求龍堂
小学館教育編集部編（1999）いきいき老人介護まるごとBOOK
シング・J.A.L（J.A.L. Singh）著，中野善達・清水知子訳（1977）狼に育てられた子，福村出版（日記なので英語のタイトルはもともとなかった）
新谷文夫編（2003）主役はシニア，日本工業新聞社
新藤謙（2003）喜劇の精粋抄，勉誠出版
外山滋比古（2003）ユーモアのレッスン，中公新書
　た
大学時報（2004年3月号）
大胡淳二（2002）高齢者のためのわくわくゲーム集，生活ジャーナル
太鼓持あらい（2004）ユーモア話術―「賢いバカ」の極上の知恵―，三笠書房
高橋ますみ（2003）老いを楽しむ向老学，学陽書房
竹内真（2004）笑うカドには，小学館
竹内宏（2001）とげぬき地蔵経済学，メディアファクトリー
竹内宏（2002）路地裏の「名老学」，アーク出版
立元幸治（2003）「こころ」の養生訓，PHP研究所
谷川俊太郎（1986）ことばあそびうた　また，福音館書店
田村良雄（2004）シニアのためのライトフレンチ，柴田書店
土屋賢二（2001）ソクラテスの口説き方，文藝春秋
土屋賢二（2002）紅茶を注文する方法，文藝春秋
土屋賢二（2003）ツチヤ学部長の弁明，講談社
土屋賢二（2004）簡単に断れない，文藝春秋
デーケン・アルフォンス（2003）よく生きよく笑いよき死と出会う，新潮社
デイビス・クリスティ，安部剛（2003）エスニックジョーク―自己を嗤い，他者を笑う―，講談社
土井淑平（2002）尾崎翠と花田清輝―ユーモアの精神とパロデイの論理―，北斗出版
堂本真実子（2002）学級集団の笑いに関する民族誌的研究，風間書房
毒蝮三太夫・井上勝也・日本老年行動科学会（2000）老人学，海拓舎

友清理士（2001）英語のニーモニック，研究社
豊田直之（2004）シニアダイビングガイドブック，阪急コミュニケーションズ
　な
中島文保（2004）ヒポクラテスが教える癒す力50，かんき出版
中村悦子（2003）リズムにのって楽しむいきいきダンス，生活ジャーナル
中村明（2002）笑いのセンス，岩波書店
夏井芳徳（2004）貧乏神撃退，歴史春秋出版
日本ケアフィットサービス協会（2004）サービス介助士2級検定取得講座テキスト，日本ケアフィットサービス協会
日本老年社会科学会編・発行（1999年・2005年）老年社会科学
日本笑い学会新聞（2004年2月25日，56号）日本笑い学会
昇幹夫（2000）笑いがクスリ，保健同人社
昇幹夫選（2003a）涙がでるほど笑ってラクになる本，ハギジン出版
昇幹夫（2003b）笑いは心と脳の処方せん，二見書房
　は
橋田壽賀子（2003）ひとりがいちばん！，大和書房
樋口恵子（2001）盛年老いてますます…，学陽書房
樋口恵子（2004）父83歳，ボケからの生還，現代書館
日野原重明（2002）生きかたの選択，河出書房新社
ヒベット・ハワード・文学と笑い研究会編（2003）笑いと創造（第3集），勉誠出版
福井直秀（2002）「笑い」の技術，世界思想社
福沢諭吉著，飯沢匡現代語訳（1986）福沢諭吉の開口笑話―明治の英和対訳ジョーク集，冨山房
フジモトマサル（2004）ダンスがすんだ，新潮社
フランクル・ピーター（2002）美しくて面白い日本語，宝島社
別役実（2004）別役実のコント教室，白水社
堀田力監修（2001）「定年後」設計腹づもり，三笠書房
Walter M.Bortz II, *Dare to be 100*, 1996, Carol Mann Agency，（ウォルター，M.ボルツII世／深堀京子訳［1997］100歳まで生きる法，ビジネス社）
　ま
増田修治（2002）笑って伸ばす子どもの力，主婦の友社
増田修治編（2003）ユーモア詩がクラスを変えた，ルック
Abraham H. Maslow, *Religions, Values and Peak-Experiences*, by Ohio State University Press, 1964.（マスロー.A.H.著／佐藤三郎・佐藤全弘訳［1972］創造的人間，誠信書房）
松木康夫（2003）余生堂々，祥伝社
丸山孝男（2002）英語ジョークの教科書，大修館書店
三田誠広（2004）団塊老人，新潮社
三菱総合研究所・木村文勝編（1999）「少子高齢化」の恐怖を読む，中経出版
見寺貞子・野口正孝（2004）美しく見えるシニアの服，文化出版局

宮田薫（2000）ヤング・アゲイン・イン・アメリカ，日本コンサルタントグループ
三好春樹（2001）男と女の老いかた講座，ビジネス社
村田裕之（2004）シニアビジネス，ダイヤモンド社
村松増美（2003）秘伝英語で笑わせるユーモア交渉術，日本経済新聞社
村松増美（2004）英語のユーモアを磨く，角川書店
Else Melin & Rolf Bang Olsen, *Handbog I Demens*, 2000.（メーリン,E.＆ オールセン,R.B.著／東翔会監訳［2003］デンマーク発・痴呆介護ハンドブック，ミネルヴァ書房）
モブ・ノリオ（2004）介護入門，文藝春秋
森佳子（2002）笑うオペラ，青弓社
森下伸也（2003）もっと笑うためのユーモア入門，新曜社
　や
余暇問題研究所，高橋和敏，山崎律子（2004）シニアのレクリエーション活動，ミネルヴァ書房
吉野槙一（2003）脳内リセット，主婦の友社
吉村英夫（2004）老いてこそわかる映画がある，大月書店
吉本隆明（2002）老いの流儀，NHK出版
　ら
Theodore Roszak, *America the Wise*, 1997.（セオドア・ローザック著／桃井緑美子訳［2000］賢知の時代，共同通信社）
　わ
若林一声（2004）笑いの力を借りなさい，文芸社
鷲田小彌太（2002）定年後に1から始めて一流学者になる方法，青春出版社
笑い学研究（第1～10号）（1994-2003年）日本笑い学会

事項索引

あ

愛着欲求	42
アイとアユм	124
『アヴェロンの野生児』	126
『赤ひげ』	162
アニミズム	131
アフィニティ・プログラム	161
アメリカ老年学会	9
EQ	165
ウイット	65
エイジズム	48
エスニック・ジョーク	94
エスプリ	65
エデュテイメント	46
江戸落語	67
NK 細胞	159
エメラルド婚式	35
絵文字	185
エンゼル・スマイル	129
老いらくの恋	147
オオワライタケ	163
オクシロモン	79
遅すぎる死	19
落ち	67
大人の人格	134
オノマトペア	169
おばあちゃんの世紀	36
お笑い芸人	137

か

カイアズマス	82
快ストレス	178
回文	82
替え歌	189
書き換え語	184
隠し題	80
隠し文字	186
過小誇張法	79
過大誇張法	79
学校隠語（スクール・スラング）	167
金のなる木	107
歌舞伎	87
上方落語	67
加齢研究クラブ	9
完全生命表	13
ギャル文字	185
狂歌	71
キレーション治療法	39
筋萎縮性側索硬化症	162
クォリティ・オブ・デス	20
くすぐり	61
杏冠	80
クメールの微笑み	88
クリニクラウン	161
車いすダンス	25
交感神経	160
合計特殊出生率	15
交差対句法	82
高次コミュニケーション	120
高等遊民	49
国際ユーモア学会	57
孤独死	23
コメディア・デッラルテ	87
コルチゾール	159
語呂合わせ	184, 185
『今昔物語集』	85
コント芸	69

さ

サイレント・ベイビー	130
サタイア	70
サチール	70
ジェームズ＝ランゲ説	100
シニア起業家	43
シニア遊学	47
主人在宅ストレス症候群	34
春画	89
笑気ガス	164
新生児微笑	129
スカトロジー	92
スクール JCA	140
スーパー・シニア	25
スフィンクス	88
住み分け	45
成長エイジング	52
漸降法	79
漸層法	79
川柳	73
壮齢期	16
即時対応能力	165

た

ダイアモンド婚式	35
退行願望	40
対照表現	79
大道芸療法	161
『竹取物語』	85
多発性硬化症	162
騙し絵	186
段差解消キャスター	31
短連歌	80
ちょい悪シニア	18
鳥獣人物戯画	89
聴取補助システム	32
づくしもの	179
突っ込み	69
ディザスター・ジョーク	65
デジタル・シニア	26
同音異義語	178
道化医師	155
道化師	75
統合失調症	162
撞着語法	79
都都逸	73
ドライ・ユーモア	64
頓知	180

な

二世帯住宅	44
2011 年の危機	15
2007 年問題	17
日本笑い学会	57
ネタふり	69

は

パスティーシュ	71
早口言葉	169
パリンドローム	82
パロディ	71
半・中食	30
PEM	29
ピエロ	75
PQ	165
ヒト成長ホルモン	38
皮肉	70
ひねり	79
非まじめ	192
百兆円シニア市場	43
ピン芸人	70
フィジカル・ジョーク	65
風刺	70
吹き替え	189
ブラック・ユーモア	64
フランス・オペラ・コミック	87
ペグワード	184
β-エンドロフィン	159
ペルソナ（仮面）	114
ボードビル	70

ま

マジック	190
メモリーペグ	105
免疫グロブリンA	159
物の名	80

や

ユーモア・グッズ	167
ユーモア研究	63
ユーモア顧問	108
ユーモア・スピーチ	177
ユーモア・セラピー	160
ユーモアの世紀	195
吉本総合芸能学院	139
四体液説	64

ら

落首	71
ランチョン・テクニック	99
リージョナル・ジョーク	95
リハビリ・メイク	28
類似異義語	178
類似表現	79
ルックス	136
ルネッサンス	76
老年最終期	11
老年初期	11
老年中期	11
ロールモデル	50

わ

若気の至り	135
笑絵	90
笑い上戸	163
ワライタケ	163
笑いの神話	85
笑い療法	156

人名索引

あ

明石家さんま	141
阿倍仲麻呂	72
綾小路きみまろ	143
アリストテレス	76
安楽庵策伝	84
和泉式部	81
ウルマン, S	201

か

カズンズ, N.	156
北野武	141
クーン, M.	202
ゲイツ, W. H. Ⅲ（ビル・ゲイツ）	33
ケネディ, J. F.	83
小泉純一郎	109

さ

サッチャー, M.	108
シェイクスピア, W.	76
ショーペンハウエル, A.	77

た

太宰治	86
橘曙覧	171
タモリ	140
坪内逍遥	64
毒蝮三太夫	142

な

永井荷風	22
夏目漱石	125
ニーチェ, F. W.	198

は

ヒポクラテス	63
福沢諭吉	101
プラトン	76
フランクル, V. E.	111
フレイ, W. H. Ⅱ	113
フロイト, S.	100
ベネディクト	74
ベルグソン, H.	78
ボルツ, W. M. Ⅱ	37

ま

マスロー, A.	100
松尾芭蕉	174
宮沢賢治	174
モリス, D.	14

や

山田洋次	144

ら

リンドバーグ, A. M.	11
レオナルド・ダ・ビンチ	88, 89
レビンソン, D. J.	12

わ

ワイルド, O.	202

著者紹介

小向敦子

米国イリノイ大学（シカゴ校）心理学部（専攻），アジア研究学部（副専攻）卒業。
同大学院教育学部研究科博士課程修了。教育学Ph.D.
現在，城西国際大学観光学部助教授。立正大学心理学部非常勤講師。
著書：『ペダゴジカル英語―教職のスペシャリストを目指して―』（2002年，信山社）
『カジュアル老年学―ホリスティック・アプローチによる入門編』（2003年，学文社）
『50代から夢さがし―旅，学び，シニアビジネス―』（2005年，東信堂）

シニア・ユーモリストが時代を啓く
―「老年学」と「笑い学」の遭遇―

2007年8月27日　第一版第一刷発行　　　　◎検印省略

著　者　小　向　敦　子

発行所　株式会社　学文社　　郵便番号　　153-0064
　　　　　　　　　　　　　　東京都目黒区下目黒3-6-1
発行者　田　中　千津子　　　電　話　　03(3715)1501(代)
　　　　　　　　　　　　　　口座振替　00130-9-98842

KOMUKAI Atsuko © 2007

乱丁・落丁の場合は本社でお取替します。　　　印刷所　シナノ株式会社
定価はカバー・売上カードに表示。

ISBN 978-4-7620-1707-0

小向敦子著　**カジュアル老年学**　——ホリスティック・アプローチによる入門編——　A5判　208頁　定価 2415円	誰にもやがて訪れる「老年」の光と影について，アカデミック，かつ系統づけてわかりやすく解説。高齢者になるのが楽しみに待ち望めるような高齢者社会の構築について考える。関連用語3百余収録。
堀　薫夫著　**教育老年学の構想**　——エイジングと生涯学習——　A5判　257頁　定価 3045円	教育老年学はどうあるべきか。これまでの基礎理論研究と実践調査研究を集大成し，従来の枠を超え，エイジングと成人の学びとを，より根源的な次元から結びつけるこの新しい学問分野の位置づけを構想。
堀　薫夫編著　**教育老年学の展開**　A5判　256頁　定価 2730円	中高年期の新たな可能性を引き出す「教育老年学」の試み。本書では，後期高齢期，高齢者のナラティブ，教育老年学の実践などを主なテーマに，教育老年学の理論・実証・実践論を展開していく。
清見潟大学塾編　**新静岡市発　生涯学習20年**　——自立型長寿社会へのアプローチ——　A5判　304頁　定価 1500円	生涯学習の分野で全国に先駆け，市民主導型のシステムを構築してきた清見潟大学塾。20年の私塾の歴史を振り返りつつ，これからの自立型長寿社会の構築に向けた可能性を模索する。
三浦清一郎編著　**市民の参画と地域活力の創造**　——生涯学習立国論——　A5判　224頁　定価 2100円	子育て支援，自然・生活体験活動，高齢者社会参加支援活動等，生涯学習の文脈におけるさまざまな地域市民活動の最新事例を紹介。市民参画型生涯学習，地域市民活動がもつ新たな可能性を提示。
瀬沼克彰著　**発展する大学公開講座**　四六判　288頁　定価 2625円	〔21世紀の生涯学習と余暇〕大学生き残り戦略としての公開講座の歴史，現状分析，生涯学習拠点化，大学再生の為のリカレント教育等について詳述，大学活性化について実務体験を活かした提案をする。
鈴木眞理著　**ボランティア活動と集団**　——生涯学習・社会教育論的探求——　A5判　320頁　定価 2625円	生涯学習・社会教育の領域においてボランティア活動・集団活動の支援はどのようになされているのか，その課題はどのようなものであるか等を，原理的なレベルから掘り起こし，総合的に検討する。
渋谷博史・安部雅仁・櫻井潤編著　**地域と福祉と財政**〔増補版〕　四六判　192頁　定価 1995円	〔シリーズ福祉国家と地域〕日本の福祉国家について「生活」「地域」に目線をおくことで，人間の暮らしや人生の流れとの関係を理解しようとする試みである。医療と介護の制度改革と意義を加えた増補版。